회복

RESTORATION

회복

발행일   2022년 8월 9일

지은이   임동환
펴낸이   손형국
펴낸곳   (주)북랩
편집인   선일영   편집   정두철, 배진용, 김현아, 박준, 장하영
디자인   이현수, 김민하, 김영주, 안유경   제작   박기성, 황동현, 구성우, 권태련
마케팅   김회란, 박진관
출판등록   2004. 12. 1(제2012-000051호)
주소   서울특별시 금천구 가산디지털 1로 168, 우림라이온스밸리 B동 B113~114호, C동 B101호
홈페이지   www.book.co.kr
전화번호   (02)2026-5777   팩스   (02)2026-5747

ISBN   979-11-6836-436-3 03230 (종이책)   979-11-6836-437-0 05230 (전자책)

(주)북랩 성공출판의 파트너
북랩 홈페이지와 패밀리 사이트에서 다양한 출판 솔루션을 만나 보세요!
홈페이지 book.co.kr • 블로그 blog.naver.com/essaybook • 출판문의 book@book.co.kr

작가 연락처 문의 ▸ ask.book.co.kr
작가 연락처는 개인정보이므로 북랩에서 알려드릴 수 없습니다.

41일간의
요한복음 묵상

회복

RESTORATION

CTS 기독교TV
'빛으로 소금으로'에서
임동환 목사가 전한
회복과 구원의 이야기

임동환 지음

절망을 희망으로 바꾸어 주시는 예수님을 만나자!

북랩

들어가는 말

2020년도부터 한국과 전 세계를 강타한 코로나19는 기독교인에게도 큰 고통을 가져다주었다. 가장 큰 어려움은 교회의 핵심인 예배를 드리기가 어려워진 것이었다. 현장 예배에는 매주 온라인으로 예배를 송출할 예배 위원들만 참석할 수 있었고, 다른 성도들은 집에서 온라인으로 예배를 드려야만 했다. 자주 만나서 말씀을 나누고 같이 기도하는 것이 필수인 기독교인들의 영성에 큰 장애 요인이 되었다.

그렇다고 가만히 않아서 손을 놓고 있을 수만은 없는 일이었다. "어떻게 하면 코로나19의 위기 가운데에도 기독교인의 영성을 발전시킬 수 있을까?" 하는 생각에서 필자는 성경 읽기와 말씀 묵상과 개인 기도의 중요성을 생각했다. 그런 고민에서 이 책이 시작되었다. "환난을 통과하고 십자가에서 승리하시고 부활하신 예수님은 오늘 우리에게 어떤 의미를 가지고 있는가?"를 생각하면서 요한복음을 열고 성경을 묵상하였다.

요한복음은 신약성경의 복음서인 마태, 마가, 누가복음과 차이가 있다. 마태, 마가, 누가복음은 같은 관점으로 본 복음서라는 뜻에서 공관복음이라고 부르지만, 요한복음은 공관복음과 달리 상당히 신학적인 관심을 가지고 있는 책이다. 마태, 마가, 누가가 보지 못했던 예수님이 직접 "나는 …이다"라는 선포를 하신 것을 보면서 예수님이 우리에게 어떤 분인지 깊이 생각해 볼 수 있다.

이 책을 통하여 유익을 얻을 수 있는 방법을 소개하려고 한다. 이 책을 읽는 독자는 제일 먼저 매일 각 장의 서두에서 소개하고 있는 요한복음의 성경 본문을 먼저 읽고 묵상하기 바란다. 먼저 성경을 읽고, 그 본문이 기록될 당시의 의미는 무엇이었는지 생각해 보고, 그 본문 말씀의 중심 메시지는 무엇이며, 오늘 그 말씀이 나에게 주는 메시지는 무엇인가를 생각해 보고 개인적으로 적용해 보자. 그러고 난 후에 이 책을 읽는다. 자신이 성경 본문을 읽고 묵상하면서 발견한 은혜와 비교하며 이 책을 읽기 바란다. 그럴 때 은혜가 더 커질 것이다. 받은 은혜는 별도의 노트나 이 책의 여백에 기록해 두자. 세월이 지나고 그 노트를 볼 때 받은 은혜가 다시 떠오를 것이다.

인생의 위기를 만날 때 우리는 성경으로 돌아가야 한다. 매일 성경 말씀을 읽고 묵상하며, 우리의 문제 해결자 되시고 구원자 되시는 예수님께 모든 염려와 걱정과 두려움을 맡겨야 한다. 오늘도 요한복음 묵상을 통하여 회복을 주시는 예수님을 만나시기를 기도한다.

임동환

차 례

3장
세상의 빛이신 예수님 105

4장
한 알의 밀알이 되신 예수님 157

1장

우리의 죄를 짊어지신 예수님

생명을 주시는 예수님

오늘의 말씀 / 요 1:1-8

요한복음에서는 예수 그리스도께서 하나님의 아들이심을 강조하고 있다. 예수님은 물을 포도주로 바꾸신 표적, 왕의 신하의 아들을 고쳐 주신 표적, 38년 된 병자를 고쳐 주신 표적 등을 통하여 자신이 하나님의 아들로서 오늘도 우리의 삶의 문제 해결자가 되심을 보여 주셨다. 오늘 본문을 통하여 우리에게 말씀하려고 하는 것은 무엇일까?

하나님께서 만물을 창조하셨다

(요 1:3) 만물이 그로 말미암아 지은 바 되었으니 지은 것이 하나도 그가 없이는 된 것이 없느니라

삼위일체 하나님이 세상의 모든 것을 지으셨다. 이 구절에서 우리는 성부, 성자, 성령 하나님이 천지를 창조하셨음을 볼 수 있다. 세상의 모든 창조에는 하나님의 손길이 미치지 않은 곳이 없다. 하나님은 하늘과 땅을 지으시고, 산과 강과 바다를 지으셨다. 세상의 모든 동물들과 식물들을 지으셨고, 우리도 지으셨다.

> (시 139:13-14) [13] 주께서 내 내장을 지으시며 나의 모태에서 나를 만드셨나이다 [14] 내가 주께 감사하옴은 나를 지으심이 심히 기묘하심이라 주께서 하시는 일이 기이함을 내 영혼이 잘 아나이다

하나님이 우리를 지으셨다는 것은 하나님께서 우리의 모든 것을 주관하신다는 것이다. 우리는 인생에 어떤 문제가 다가와도 우리를 지으신 하나님이 우리와 함께하시고 우리를 돌보신다는 것을 잊지 말아야 한다. 우리의 모든 염려와 걱정을 하나님께 맡기고 살아가자.

하나님 없이는 된 것이 없다. 요한복음 1장 3절에 보면 "지은 것이 하나도 그가 없이는 된 것이 없느니라"라고 말씀하고 있다. 우리가 하나님을 믿고 살아야 할 이유가 여기에 있다. 우리는 우리의 힘과 능력으로 모든 것을 이룰 수 있다고 생각하고 살아갈 때가 있다. 그러나 사실은 하나님이 아니면 되는 것이 없다.

하나님께서 천지와 만물을 창조하셨고, 우리의 모든 것을 지으셨다. 하나님 없이는 되는 것이 아무것도 없다는 말이다. 우리가 하나님을 의지할 때 하나님께서는 오늘도 우리의 인생을 인도하시고, 주관하신다. 하나님을 의지하고 살아가자.

예수님은 우리에게 생명을 주신다

(요 1:4) 그 안에 생명이 있었으니 이 생명은 사람들의 빛이라

예수님 안에 생명이 있다. 그래서 예수님께 나아오는 사람들에게 예수님은 생명을 주신다.

(요 14:6) 예수께서 이르시되 내가 곧 길이요 진리요 생명이니 나로 말미암지 않고는 아버지께로 올 자가 없느니라

하나님은 우리의 생명을 붙들어 주신다. 오늘도 우리는 살아가면서 많은 위기를 만난다. 그러나 그런 위기 가운데에도 예수님을 의지하면 예수님은 우리에게 생명을 붙들어 주시고 넘치게 채워 주신다.

(시 54:4) 하나님은 나를 돕는 이시며 주께서는 내 생명을 붙들어 주시는

이시니이다

예수님은 우리에게 빛을 비추어 주신다. 예수님은 빛의 근원이 되셔서 어둠 가운데 살아가는 우리에게 빛을 비추어 주신다.

(요 12:36) 너희에게 아직 빛이 있을 동안에 빛을 믿으라 그리하면 빛의 아들이 되리라 예수께서 이 말씀을 하시고 그들을 떠나가서 숨으시니라

예수님은 우리에게 빛을 비추어 주신다. 예수님을 믿는 사람들에게 예수님은 빛을 비추어 주셔서 어둠이 떠나고 밝은 빛 가운데 살게 하신다. 우리가 예수님의 말씀에 귀를 기울이면, 예수님의 말씀은 우리 속에 들어와서 빛을 내기 시작한다. 우리 마음속에 있는 어둠이 떠나간다. 말씀에는 힘이 있다.

예수님을 증거하며 살아가자

(요 1:7) 그가 증언하러 왔으니 곧 빛에 대하여 증언하고 모든 사람이 자기로 말미암아 믿게 하려 함이라

세례 요한의 사명은 예수님을 증거하는 것이었다. 세례 요한은 자신에게 초점을 맞추지 않고, 예수님을 증거하기 위해서 살았던 사람이다. 세례 요한의 인생의 목적은 예수님을 증언하는 것이었다. 그는 예수님을 전하는 일에 자신의 모든 것을 걸었다.

오늘 우리는 무엇을 위해서 살아가고 있는가? 나의 영광과 나의 성공에만 모든 것을 걸고 있지는 않는가? 이 모든 것들은 시간이 지나고 나면 다 사라지는 것이다. 세례 요한은 자신의 인생에 있어서 가장 귀하고 가치 있는 예수님을 증거하는 것에 자기의 인생을 걸었다. 오늘 우리도 예수님을 증거하는, 가치 있는 일에 인생을 걸고 살아가자.

(딤후 4:2) 너는 말씀을 전파하라 때를 얻든지 못 얻든지 항상 힘쓰라 범사에 오래 참음과 가르침으로 경책하며 경계하며 권하라

바울은 말씀을 전파하라고 말했다. 때를 얻든지 못 얻든지 항상 힘써 복음을 전하라고 말했다. 우리도 주변에 좌절과 절망 속에 있는 사람들에게 예수를 전해 주자. 예수님을 믿을 때 그들의 삶에서도 어둠이 떠나고 빛으로 충만해지게 된다.

(요 1:8) 그는 이 빛이 아니요 이 빛에 대하여 증언하러 온 자라

예수님께 초점을 맞추며 겸손하게 살자. 당시에 세례 요한의 영향력은 대단했다. 전 이스라엘 백성들이 요단강에 나와서 세례 요한이 베푸는 세례를 받을 정도였으니, 어떤 사람들은 그가 메시아가 아닌가 생각했다. 거기에 대하여 요한은 분명하게 자신은 빛이 아니라고 하였다. 자신은 오직 그 빛에 대하여 증언하러 온 사람이라는 것이다.

(요 3:30) 그는 흥하여야 하겠고 나는 쇠하여야 하리라 하니라

요한은 자신은 쇠하여야 하겠고 예수님은 흥하여야 하겠다고 고백했다. 이런 고백이 쉬울까? 보통 사람 같으면 "나는 흥하여야 하겠고 그는 쇠하여야 하리라"라고 말하지 않을까? 그러나 요한은 예수님이 누구신지 알았기 때문에 모든 영광을 예수님께만 돌렸다. 오늘 우리도 우리의 삶의 주인이신 예수님에게 초점을 맞추고 내가 영광을 받으려고 하지 말고, 예수님이 영광을 받으시도록 하자.

생각해 봅시다 ·······

예수님은 태초 전부터 성부 하나님과 성령 하나님과 함께 존재하셨다. 예수님은 사람들에게 생명을 주시고, 어둠 속에 살던 우리에게 희망의 빛을 비추어 주셨다. 우리는 놀라운 은혜를 주신 예수님께 감사하여 날마다 예수님의 증인이 되며 살아야 한다. 세례 요한처럼 예수님께 초점을 맞추며 겸손하게 예수님을 증거하는 삶을 살아가자.

2일째 묵상
하나님의 자녀가 되는 권세

오늘의 말씀 / 요 1:9-18

하나님은 우리를 사랑하셔서 그의 하나밖에 없는 아들을 이 세상에 보내 주셨고, 누구든지 예수님을 자신의 주인으로 믿는 사람에게 놀라운 선물을 주셨다. 그 선물은 우리가 하나님의 자녀가 되는 권세를 주시는 것이다. 하늘과 땅을 창조하신 하나님이 우리의 아버지가 되신다는 것은 얼마나 놀라운 은혜인가? 오늘 본문을 통해서 우리에게 주시는 은혜가 무엇일까?

예수님을 영접하고 믿어야 한다

(요 1:12) 영접하는 자 곧 그 이름을 믿는 자들에게는 하나님의 자녀가 되는 권세를 주셨으니

오늘 본문은 우리가 하나님의 자녀가 되는 조건을 말하고 있다. 예수님을 영접하고 믿으면 하나님의 자녀가 되는 권세를 주신다는 것이다. 하나님은 하나님의 자녀에게 놀라운 권세를 주셨다.

첫째로, 하나님은 그의 자녀에게 죄에서 자유하게 하시고, 구원을 선물로 주신다.

둘째로, 하나님은 그의 자녀에게 성령을 보내셔서 성령 충만을 주시고 권능이 있는 삶을 살게 하신다.

셋째로, 하나님은 그의 자녀에게 복을 주셔서 가난과 저주에서 자유케 하시고 아브라함의 복을 누리며 살게 하신다.

넷째로, 하나님은 그의 자녀의 병을 고쳐 주신다.

다섯째로, 하나님은 그의 자녀에게 영원한 천국을 선물로 주신다.

우리는 하나님의 자녀가 되는 권세를 받았다는 것을 잊지 말아야 한다. 마귀는 와서 "너는 아무것도 아니다. 너는 실패자다"라고 말한다. 그러나 하나님은 우리에게 말씀하신다. "너는 나의 자녀다." 하나님은 하나님의 자녀에게 놀라운 은혜를 예비하고 계신다. 그 은혜 가운데 살아가자.

하나님은 우리를 새로운 피조물이 되게 하셨다

(고후 5:17) 그런즉 누구든지 그리스도 안에 있으면 새로운 피조물이라 이전 것은 지나갔으니 보라 새것이 되었도다

하나님은 예수를 믿는 사람은 새로운 피조물이 되게 하신다. 예수님을 믿으면 이전 것은 지나가고 새로운 존재가 되어 살게 하신다. 예수님을 믿는 사람은 더 이상 사람의 혈통이나, 육정이나, 사람의 뜻을 따라서 사는 것이 아니라 하나님의 뜻을 이루고 사는 것이 목적인 사람으로 새롭게 태어나게 하신다. 나의 계획이 아니라 하나님이 우리에게 주신 사명을 붙들고 살아가는 존재가 되게 하신다.

(요 1:14) 말씀이 육신이 되어 우리 가운데 거하시매 우리가 그의 영광을 보니 아버지의 독생자의 영광이요 은혜와 진리가 충만하더라

하나님은 예수님을 통하여 하나님을 보여 주신다. 이스라엘 백성들의 마음에는 큰 소원이 있었다. 그들은 하나님이 영이시기 때문에 하나님을 본 적이 없었기에 그들이 "하나님을 볼 수 있다면 얼마나 좋을까" 하는 소원을 가지고 있었다.

(요 1:18) 본래 하나님을 본 사람이 없으되 아버지 품속에 있는 독생하신

하나님이 나타내셨느니라

　하나님은 그의 아들이신 예수님을 이 세상에 보내셔서 하나님을 보게 하셨다. 하나님이 우리에게 주신 놀라운 복은 우리가 예수님을 통하여 하나님을 보게 하신 것이다. 이것이 놀라운 은혜이다. 사람들은 예수님을 통하여 하나님의 성품과 하나님의 사랑을 더욱 깊이 알 수 있는 계기가 되었다. 예수님을 통하여 하나님을 알 수 있도록 하신 하나님께 감사와 찬양을 드리자.

하나님은 우리에게 은혜를 부어 주신다

　(요 1:16) 우리가 다 그의 충만한 데서 받으니 은혜 위에 은혜러라

　하나님은 우리에게 은혜를 충만하게 채워 주신다. 하나님은 충만한 은혜를 주시는 하나님이시다. 그래서 하나님은 우리에게 부족함이 없게 하신다. 그래서 다윗은 하나님을 의지하고 살아갈 때 자신에게 부족함이 없다고 고백했다.

　(시 23:1) 여호와는 나의 목자시니 내게 부족함이 없으리로다

하나님은 우리에게 모든 것을 충만하게 채워 주신다

예수님은 우리에게 은혜와 진리를 주신다. 예수님이 우리에게 주시는 은혜가 무엇인가? 십자가의 은혜이다. 십자가의 은혜는 용서의 은혜이다. 하나님은 인류가 하나님께 불순종하고, 인본주의로 살아가는 것을 보시면서도 그들의 죄를 용서하시고, 그의 하나밖에 없는 아들을 이 땅에 보내기로 결단하셨다. 예수님은 모든 인류의 죄를 대신 짊어지시고, 구원을 베풀기 위하여 십자가에서 대신 죽으셨다.

십자가의 은혜는 사랑의 은혜이다. 사람들은 태어나면서부터 사람들에게 사랑받고 인정받고 싶어 한다. 그러나 정작 사람들은 사랑받기보다는 상처를 받고, 거절을 경험하며 살아간다. 그러나 하나님은 사람들이 줄 수 없는 사랑을 예비해 주셨다. 예수님의 십자가는 하나님의 사랑의 은혜를 말한다. 예수님이 십자가에서 못 박혀 죽으심으로 살아난 사람이 있다. 그는 바라바라는 흉악범이다. 빌라도가 예수님을 살릴 것인지 바라바를 살릴 것인지 선택하라고 했을 때 제사장들과 백성들은 바라바를 살려 달라고 외치며 바라바를 선택했다. 사형을 기다리던 바라바는 감옥에서 풀려나게 되었다. 사형수로서 죽을 날을 기다리고 있던 그는 당황했을 것이다. 어떻게 자신이 살게 되었는가 물을 때 나사렛 예수가 자신을 대신하여 죽었다는 사실을 알게 되었을 것이다. 그는 자신의 능력과 자신의 힘으로 살게 된 것이 아니라 은혜로 살게 된 것을 알게 되었다. 예수님이 바라바 대신 죽으심으로 살게 된 것이다.

이 이야기는 놀라운 은혜를 우리에게 알려준다. 바라바가 누구인가? 우리 모두가 죄인인 바라바이다. 예수님이 죽으심으로 바라바를 살린 것같이 예수님이 바라바와 같은 우리를 위하여 십자가에 죽으심으로 우리를 살리시고, 우리에게 놀라운 구원과 희망을 주신 것이다. 예수님께 우리가 찬양을 드려야 할 이유가 여기 있다.

(요 1:17) 율법은 모세로 말미암아 주어진 것이요 은혜와 진리는 예수 그리스도로 말미암아 온 것이라

예수님은 우리에게 진리를 알려 주신다. 모세는 이스라엘 백성들에게 율법을 주었다. 율법은 거울과 같다. 율법에 자신을 비추어 볼 때 사람들은 자신이 얼마나 형편이 없는 죄인인가를 깨닫게 된다. 그러나 진리는 예수님으로 말미암아 온 것이다. 진리는 우리에게 하나님이 우리를 얼마나 사랑하시는지, 하나님은 우리에게 얼마나 놀라운 계획을 가지고 계시는지 보여준다. 우리가 그 진리를 따라서 살아갈 때 얼마나 놀라운 복을 받게 되는지 알려 주신다. 사람들은 참된 진리를 알지 못할 때 두

려워하고 살아간다. 그러나 진리를 깨닫게 되면 참된 자유를 얻
게 된다.

(요 8:32) 진리를 알지니 진리가 너희를 자유롭게 하리라

오늘 우리도 예수님이 주시는 진리 가운데 거하며, 예수님이
주시는 진리 속에서 자유함을 누리며 살아가자. 세상이 주는 모
든 두려움과 염려와 걱정 근심을 맡기고, 주님이 주시는 평안 속
에서 살아가자.

생각해 봅시다

하나님은 우리에게 예수를 믿고 하나님의 자녀가 되는 놀라운 권세를 주셨
다. 하나님은 우리를 새로운 피조물이 되게 하시고, 은혜와 진리 가운데 살
게 하셨다. 바라바와 같이 죄인 된 우리를 구원하신 예수님께 감사하며, 매
일 매 순간 하나님께 영광을 돌리고, 이웃들에게 사랑을 베풀며 살아가자.

3일째 묵상
세상 죄를 짊어지신 어린 양

오늘의 말씀 / 요 1:29-36

성경에는 두 명의 요한이 나온다. 첫 번째 사람은 예수님에게 세례를 준 세례 요한이고, 다른 사람은 예수님의 제자 요한이다. 오늘 본문에 나오는 사람은 세례 요한이다. 세례 요한은 어느 날 자신에게 중요한 사명이 있다는 사실을 알게 되었다. 그것은 자신이 예수님을 이스라엘에 소개하는 사명을 가졌다는 것이다. 오늘 본문의 말씀을 통하여 우리에게 주시는 교훈은 무엇일까?

예수님 위에 성령이 머무실 것이다

요한은 이스라엘 백성들이 기다리고 있던 메시아가 구체적으로 누군지 알지 못했다. 그러나 하나님은 요한에게 메시아가 누군지 알 수 있는 힌트를 주셨다. 그것은 요한이 요단강에서 세례를 베풀 때 메시아 위에 성령이 머물 것이라는 것이다.

(요 1:33) 나도 그를 알지 못하였으나 나를 보내어 물로 세례를 베풀라 하신 그이가 나에게 말씀하시되 성령이 내려서 누구 위에든지 머무는 것을 보거든 그가 곧 성령으로 세례를 베푸는 이인 줄 알라 하셨기에

성령이 머무는 분이 메시아이다. 세례 요한은 하나님의 말씀에 순종하여, 요단강에서 세례를 베풀며 유심히 사람들을 지켜보았다. 그가 세례를 베풀 때 성령이 머무는 사람이 누구인지 관심을 가지고 지켜보았던 것이다. 그러던 어느 날 예수님이 세례 요한에게 세례를 받으러 요단강에 나오시는 날, 그는 하나님이 말씀하시는 그분이 바로 예수님이라는 것을 알 수 있었다.

(요 1:32) 요한이 또 증언하여 이르되 내가 보매 성령이 비둘기같이 하늘로부터 내려와서 그의 위에 머물렀더라

요한은 자신에게 세례를 받으신 예수님 위에 성령이 비둘기같이 내려 임하는 것을 보면서 그분이 인류의 구원자이시며 메시아라는 사실을 알게 되었다.

(마 3:16-17) [16] 예수께서 세례를 받으시고 곧 물에서 올라오실새 하늘

이 열리고 하나님의 성령이 비둘기같이 내려 자기 위에 임하심을 보시더니 [17] 하늘로부터 소리가 있어 말씀하시되 이는 내 사랑하는 아들이요 내 기뻐하는 자라 하시니라

메시아는 하나님의 아들이다. 마태복음에는 예수님께서 세례를 받으시고, 물에서 올라오실새 하늘이 열리고 하나님의 성령이 비둘기같이 예수님에게 임하는 것을 보는 것과 동시에 하늘에서 울리는 소리가 있었다. 그것은 하나님 아버지의 음성이었다. "이는 내 사랑하는 아들이요 내 기뻐하는 자라"라고 말씀하셨다. 요한은 얼마나 놀랐을까? 그의 눈앞에 서 있는 예수님이 "하나님의 사랑하는 아들이요, 하나님의 기뻐하는 자"라는 것이다. 그는 그 순간부터 예수님이 하나님의 아들이심을 증언하기 시작하였다. 하나님은 이 세상을 구원하시기 위해서 그의 아들을 친히 이 땅에 보내신 것이다.

예수님은 세상 죄를 짊어지신 어린 양이다

(요 1:29) 이튿날 요한이 예수께서 자기에게 나아오심을 보고 이르되 보라 세상 죄를 지고 가는 하나님의 어린 양이로다

예수님은 유월절 어린 양이시다. 요한은 예수님이 세상 죄를

짊어지고 가는 "하나님의 어린 양"이라고 고백했다. 요한은 예수님께서 이 땅에 오셔서 피 흘리심으로 모든 사람들의 죄를 사하는 어린 양처럼, 십자가를 지시고 자신의 피를 흘려 인류를 구원하실 분으로 보았기 때문에 예수님을 하나님의 어린 양이라고 외쳤던 것이다. 구약에 나오는 유월절의 어린 양 이야기는 예수님의 십자가 사건의 그림자와 같은 이야기이다. 어린 양이 피 흘려 죽어서 이스라엘 백성들의 초태생과 장자를 살리고 이스라엘 백성들이 해방을 얻어서 결국은 애굽에서 나올 수 있었던 것처럼, 예수님은 어린 양으로 오셔서 인류를 위하여 십자가에서 피 흘려 죽으시고 그들을 구원하실 것을 보여 주는 사건이었다.

예수님은 어린 양처럼 흠이 없는 분이시다. 유월절 어린 양은 흠이 없는 양이어야 했다. 그와 같이 예수님은 죄 없고 흠 없는 분이시다. 그래서 우리의 모든 죄를 짊어지실 수 있는 분이시다.

(요 1:29) 이튿날 요한이 예수께서 자기에게 나아오심을 보고 이르되 보라 세상 죄를 지고 가는 하나님의 어린 양이로다

세례 요한은 예수님을 세상 죄를 지고 가시는 하나님의 어린 양이라고 말했다. 이스라엘 백성들을 살리기 위해서 죽는 어린 양은 이스라엘 백성들의 죄를 짊어지고 십자가에서 죽으셨다. 예수님은 십자가에서 죽으심으로 우리의 죄를 사하시고, 하나님과 우리를 화목하게 하였다.

예수님은 성령으로 세례를 주신다

> (요 1:33) 나도 그를 알지 못하였으나 나를 보내어 물로 세례를 베풀라 하신 그이가 나에게 말씀하시되 성령이 내려서 누구 위에든지 머무는 것을 보거든 그가 곧 성령으로 세례를 베푸는 이인 줄 알라 하셨기에

요한도 예수님이 메시아인지를 처음부터 알고 있었던 것은 아니었다. 물로 세례를 베풀 때 그 위에 성령이 머무시는 분이 성령으로 세례를 베푸시는 메시아라는 것이다.

> (막 1:8) 나는 너희에게 물로 세례를 베풀었거니와 그는 너희에게 성령으로 세례를 베푸시리라

세례 요한의 역할은 사람들에게 물로 세례를 주어 사람들을 회개로 이끌고, 그들에게 하나님의 나라를 받아들일 준비를 하게 하는 것이었다. 성령은 우리를 거룩하게 하신다. 예수님이 우리에게 성령으로 세례를 주시는 이유는, 성령의 세례를 통하

회복

여 우리가 거룩한 삶을 살 수 있게 되는 것이다.

> (롬 15:16) 이 은혜는 곧 나로 이방인을 위하여 그리스도 예수의 일꾼이
> 되어 하나님의 복음의 제사장 직분을 하게 하사 이방인을 제물로 드리는
> 것이 성령 안에서 거룩하게 되어 받으실 만하게 하려 하심이라

바울은 우리가 성령 안에서 거룩하게 된다고 말하고 있다.

> (행 1:8) 오직 성령이 너희에게 임하시면 너희가 권능을 받고 예루살렘과
> 온 유대와 사마리아와 땅끝까지 이르러 내 증인이 되리라 하시니라

성령은 우리에게 복음을 증거할 수 있는 권능을 주신다. 예수
님의 부활 후에 제자들은 두려워 떨었다. 자신들도 잡혀서 예수
님처럼 십자가에서 죽지 않을까 두려웠다. 그러나 그들이 성령
을 받자 그들은 권능을 받고 담대함을 갖게 되었다. 그래서 그
들은 예수 그리스도의 놀라운 십자가와 부활의 소식을 땅끝까
지 증거하는 사람들이 된 것이다. 오늘 우리도 성령의 충만을
받아 담대하게 복음의 증인으로 살아가자.

생각해 봅시다

세례 요한은 하나님의 주신 사명을 감당하여 예수님을 이 세상에 드러내는 역할을 감당했다. 우리도 세례 요한처럼 예수님을 세상에 드러내는 사명을 감당하고 살아가자. 예수님은 어린 양과 같이 세상 죄를 짊어지시고 십자가에서 피 흘려 죽으시고 부활하심으로 온 인류에게 구원의 길을 열어 주시고, 성령을 보내 주셔서 권능 있는 삶을 살게 해 주셨다. 우리도 세례 요한처럼 예수님을 드러내고 전파하며 살아가는 예수 그리스도의 대사가 되자.

회복

4일째 묵상
예수님을 따르자

오늘의 말씀 / 요 1:43-51

예수님이 제자들을 부를 때 제자들은 예수님을 따르기로 결단했다. 예수님을 따르기로 결단하는 것은 쉬운 일이 아니었을 것이다. 베드로는 배와 그물을 버려 두고 예수님을 따랐고, 야고보와 요한은 아버지와 배를 버려 두고 예수님을 따랐으며, 세리 레위는 자신의 생업인 세관을 버려두고 예수님을 따랐다. 그들은 어떻게 모든 것을 버리고 담대하게 예수님을 따를 수 있었을까? 오늘 본문의 말씀을 통하여 우리에게 주시는 교훈의 말씀은 무엇일까?

예수님을 따르는 것에 우선순위를 두자

예수님이 제자를 부르셨을 때 제자들이 예수님의 부르심에 즉각적으로 반응한 것은 그들은 예수님이 메시아이심을 알았고, 예수님을 따르는 것이 그들의 생에 있어서 가장 큰 복이며 은혜임을 알았기 때문이다.

지체하지 말고 예수님을 따르자. 예수님이 제자들을 불렀을 때 그들은 즉각적으로 순종하여 예수님을 따랐다. 그러나 어떤 사람들은 예수님이 부르실 때 바로 예수님을 따르지 못했다.

(눅 9:59-60) [59] 또 다른 사람에게 나를 따르라 하시니 그가 이르되 나로 먼저 가서 내 아버지를 장사하게 허락하옵소서 [60] 이르시되 죽은 자들로 자기의 죽은 자들을 장사하게 하고 너는 가서 하나님의 나라를 전파하라 하시고

예수님을 따르기는 하겠지만 먼저 아버지의 장례를 치르고 예수님을 따르겠다고 말한 사람에게 예수님은 죽은 자들로 죽은 자를 장사하게 하라고 말씀하셨다. 어떤 일보다도 예수님을 따르는 것이 가장 우선되어야 한다는 것이다.

(눅 9:61-62) [61] 또 다른 사람이 이르되 주여 내가 주를 따르겠나이다마는 나로 먼저 내 가족을 작별하게 허락하소서 [62] 예수께서 이르시되 손에 쟁기를 잡고 뒤를 돌아보는 자는 하나님의 나라에 합당하지 아니하니라 하시니라

회복

어떤 사람은 예수님이 부르셨을 때 가족과 작별을 할 수 있도록 허락해 달라고 했다. 예수님은 그런 사람에게 "손에 쟁기를 잡고 뒤를 돌아보는 사람은 하나님의 나라에 합당하지 않다"라고 말하셨다. 어떤 일보다도 예수님을 따르는 것이 가장 우선되는 일이라는 것이다. 이것 하고 저것 하고 시간이 여유가 되면 예수님을 따르라는 것이 아니라, 예수님을 믿고 예수님을 따르는 것은 어떤 것보다 시급한 결정이라는 것이다. 우리도 예수님을 따르는 것에 우선순위를 두어야 한다.

모든 것을 버리고 예수님을 따르자. 성경에 보면 예수님이 제자들을 부를 때 제자들은 모든 것을 버리고 오직 예수를 따랐다.

(막 1:17) 예수께서 이르시되 나를 따라오라 내가 너희로 사람을 낚는 어부가 되게 하리라 하시니

예수님은 시몬과 안드레에게 "나를 따라오라"라고 말씀하셨다. 그러자 그들은 그물을 버려 두고 예수님을 따랐다. 주저하지 않았다. 자신들에게 얼마나 유익이 될 것인지 계산하지 않았다. 그들은 그 자리에서 결단하고 예수님을 따랐다. 예수님은 세베대의 아들 야고보와 그 형제 요한을 부르셨다. 그러자 그들은 아버지와 품꾼을 버려두고 예수를 따랐다.

오늘 우리는 무엇을 따르고 있는가? 예수님에게 우선순위를 두고 예수님만 따라가자.

가장 가치 있는 것을 선택하자

예수님의 제자들은 예수님이 따르라고 했을 때 그 말씀을 듣고 단호하게 결단하고 예수님을 따랐다.

(눅 5:27-28) [27] 그 후에 예수께서 나가사 레위라 하는 세리가 세관에 앉아 있는 것을 보시고 나를 따르라 하시니 [28] 그가 모든 것을 버리고 일어나 따르니라

어떤 것보다 예수님을 택하자. 예수님은 레위라 하는 세리를 제자로 부르셨다. 그는 세관에 앉아서 세금을 받고 있는 중이었다. 그런 세리 레위에게 예수님은 "나를 따르라"라고 말씀하셨다. 예수님이 레위를 부를 때 레위는 주저하지 않았다. 그는 부르신 그 자리에서 순종하고 모든 것을 버리고 일어나 예수님을 따랐다. 세리가 어떻게 이런 결단을 할 수 있었을까? 세리의 직업은 그가 평생 먹고살 수 있는 직업이다. 그는 여태 이 직업으로 많은 돈을 벌었다. 그런데 레위는 자신의 모든 돈, 자신이 이루어 놓은 모든 것을 뒤로하고 예수님을 따르기로 결단했다. 레

위는 메시아 이신 예수님이야말로 돈보다 귀하고, 자신이 이루어 놓은 어떤 이력이나 명예보다 귀한 분이신 것을 알았기 때문이다. 우리도 무엇보다도 예수님을 택하고, 예수님을 따라서 살아가자.

우리의 인생에서 가장 가치 있는 것을 택해야 한다. 제자들은 어떻게 자신들의 모든 것을 버리고 예수님을 따를 수 있었을까?

(고후 4:18) 우리가 주목하는 것은 보이는 것이 아니요 보이지 않는 것이니 보이는 것은 잠깐이요 보이지 않는 것은 영원함이라

제자들은 보이는 것에 주목하지 않았다. 지금 눈앞에 있는 재산, 지금 눈앞에 있는 명예 같은 것을 주목하지 않았다. 그들은 보이지 않는 영원한 것에, 그들의 인생에서 가장 가치 있는 일에 초점을 맞추었다. 우리도 우리의 삶에 가장 가치가 있는 예수 그리스도를 따라서 살아가자.

순종은 기적을 가져온다

순종하는 사람은 예수님이 책임지신다. 예수님은 제자들에게 "나를 따라오면 이런 좋은 일이 있고, 내가 너를 이렇게 책임을

져 줄 것이고, 너에게 이런 봉급을 줄 것이다"라고 말씀하지 않
았다. 그냥 "나를 따라오라"라고 말씀하셨다. 그런데 놀라운 사
실은 예수님을 따르고 나니 예수님께서 그들의 모든 것을 책임
져 주셨다는 것이다. "예수님을 따르면 무엇을 먹고 살지?"라고
걱정하며 베드로가 예수님을 따랐던 것이 아니다. "세관에서 벌
던 돈을 이제는 어떻게 마련하지?"라는 생각을 하고 레위가 예
수님을 따랐던 것이 아니다. 그냥 예수님의 말씀에 순종했더니
예수님이 그들의 모든 것을 책임져 주신 것이다.

> (히 5:8-9) [8] 그가 아들이시면서도 받으신 고난으로 순종함을 배워서
> [9] 온전하게 되셨은즉 자기에게 순종하는 모든 자에게 영원한 구원의
> 근원이 되시고

환경을 바라보지 말고 예수님을 따르자. "상황이 나아지면 예
수님을 따르겠다"라고 말하지 말자. 어떤 상황에서도 예수님을
믿으면 예수님은 모든 것을 가능하게 만드시고 책임져 주신다.
오늘 우리도 예수님의 말씀에 순종하여 믿음으로 결단해야 한
다. 예수님께 순종하여 따르면, 예수님이 돌보아 주신다.

생각해 봅시다 ···

예수님은 제자들을 부르셨다. 제자들은 예수님이 부르실 때 그 부르심에
반응하여 즉각적으로 순종하여 모든 것을 버리고 예수님만을 따랐다. 오늘
우리는 무엇을 따라가고 있는가? 오늘 우리의 우선순위는 어디에 있는가?
우리의 모든 가치를 예수님께 두고 예수님의 부르심에 응답하여 순종하며
예수님만 따라가자.

더 좋은 것을 주시는 예수님

오늘의 말씀 / 요 2:1-11

예수님이 공생애 사역을 시작하신 후 첫 번째로 기적을 나타낸 곳은 갈릴리 가나에서 있었던 결혼식이었다. 이 결혼식에서는 예수님과 함께 어머니 마리아, 예수님의 제자들도 참석했다. 결혼 연회가 무르익어 갈 때 문제가 생겼다. 포도주가 떨어진 것이다. 그러나 예수님은 물을 포도주로 바꾸어 결혼식의 문제를 해결해 주셨다. 오늘도 우리가 예수님을 의지할 때, 예수님은 처음보다 더 좋은 것을 우리에게 주신다. 오늘 본문의 말씀이 우리에게 주시는 교훈은 무엇일까?

예수님을 우리의 인생에 초청하자

(요 2:3) 포도주가 떨어진지라 예수의 어머니가 예수에게 이르되 저들에

문제를 예수님께 맡기자

오늘 본문에 보면 포도주가 떨어졌을 때 어머니 마리아는 예수님께 나아가서 포도주가 떨어졌다고 고백했다. 마리아는 예수님을 잉태할 때 천사가 전해 준 말을 늘 기억하고 있었다. 예수님은 "지극히 높으신 이의 아들"이심을 기억했다. 그래서 마리아는 모든 문제를 예수님께 맡긴 것이다. 하나님의 아들이 하지 못할 일이 무엇이 있겠는가?

(요 2:3) 포도주가 떨어진지라 예수의 어머니가 예수에게 이르되 저들에게 포도주가 없다 하니

구하면 주신다. 마리아는 그 잔치에 포도주가 떨어졌을 때 제일 먼저 한 것이 예수님께 나아가서 "저들에게 포도주가 없다"라고 말한 것이다. 왜 예수님께 나아가서 포도주가 없다는 이야기를 한 것일까? 마리아는 그 어려움을 당한 가정의 문제를 해결해 줄 수 있는 능력이 예수님에게 있는 것을 알았다. 마리아는 자신이 예수님을 잉태할 때 천사가 전해 준 말을 늘 가슴에 품고 있었다. 예수님께 문제를 맡기면 모든 것을 예수님이 돌보아 주실 것을 믿고 예수님께 간구한 것이다. 어떤 어려움이 있는가? 그때가 예수님께 나아갈 때이다. 예수님께 나아가 구하고, 찾고, 두드리면 예수님께서 놀라운 응답을 주신다.

(요 2:4) 예수께서 이르시되 여자여 나와 무슨 상관이 있나이까 내 때가 아직 이르지 아니하였나이다

마음대로 안 되어도 낙심하지 말라. 예수님은 마리아가 간구할 때 그것을 들으시고, "여자여 나와 무슨 상관이 있나이까"라고 대답하셨다. 이 말을 들을 때 마리아는 당황스러웠을 것이다. 아니! "여자여!"라니. "나와 무슨 상관이 있나이까?"라니? 예수님은 왜 이렇게 말씀하셨을까? 예수님은 마리아의 간구를 철저히 "전능자와 간구자"의 입장에서 듣고 계시는 것을 볼 수 있다. 이때는 어머니 마리아와 아들 예수의 입장이 아니라, 문제를 구하는 한 여인과, 그 문제에 응답하시는 전능자의 관계임을 볼 수 있다. 마리아는 예수님의 이런 반응에 대하여 낙심하지 않았다. 어떤 때는 우리의 마음대로 안 될 때가 있다. 기도해도 하나님이 우리가 원하는 방식으로 응답하지 않을 때가 있다. 그러나 낙심하지 말자. 하나님은 우리에게 가장 좋은 길을 알고 계시기 때문이다. 하나님을 신뢰하고 믿음으로 구하자. 하나님이 응답하신다.

예수님은 더 좋은 것을 주신다

예수님은 좋은 것을 예비하고 계신다. 마리아는 때가 되면 예

수님께서 개입하실 것을 기대했다. 이 가정의 어려움을 그냥 버려 두지 않을 것을 잘 알고 있었다. 그래서 하인들에게 미리 당부를 한 것이다.

(요 2:5) 그의 어머니가 하인들에게 이르되 너희에게 무슨 말씀을 하시든지 그대로 하라 하니라

예수님은 하인들에게 그 집에 있는 빈 항아리에 물을 채우라고 말씀하셨다. 하인들은 묵묵히 물을 길어와 그 항아리에 물을 채웠다. 물을 채우고 나니, 예수님은 그 물을 연회장에게 갖다주라 하셨다. 그래서 그들은 또 그 말씀대로 연회장에게 갖다주었다. 하인들은 이해가 되지 않았을 것이다. 지금 필요한 것은 포도주인데 왜 물을 가져다주라고 하는가? 그러나 그럼에도 불구하고, 그들은 묵묵히 예수님의 말씀에 순종했다. 하인들은 연회장에게 물을 가져다주었는데, 연회장이 하는 말을 듣고 깜짝 놀랐을 것이다.

(요 2:10) 말하되 사람마다 먼저 좋은 포도주를 내고 취한 후에 낮은 것을 내거늘 그대는 지금까지 좋은 포도주를 두었도다 하니라

좋은 포도주라고? 분명히 자신들은 물을 떠다 주었는데? 좋은 포도주라고? 하인들은 급하게 자신들이 물을 부었던 항아리로 갔을 것이다. 그리고 그 항아리에서 급하게 떠서 마셔 보았을 것이다. 포도주다! 맛있는 포도주가 그곳에 있었다! 물이 변하여 포도주가 된 것이다. 하인들이 얼마나 놀랐을까? 하인들은 일평생 이 사건을 잊지 못했을 것이다. 예수님은 물을 포도주로 바꾸시고, 처음보다 더 좋은 것을 주시는 주님이시다.

(요 2:11) 예수께서 이 첫 표적을 갈릴리 가나에서 행하여 그의 영광을 나타내시매 제자들이 그를 믿으니라

기적은 믿음을 가져온다. 예수님이 기적을 행하신 이유가 여기서 나온다. 이 표적은 제자들을 위한 것이었다. 이 첫 표적을 통하여 제자들이 예수님이 누구신지를 깨닫게 하는 표적이었다. 예수님은 하나님의 아들이다. 예수님은 오늘도 우리의 문제 해결자가 되신다.

생각해 봅시다 ....

예수님은 갈릴리 가나의 결혼식에 참석을 하여 포도주가 떨어져 당황하고 있는 부부에게 물이 변하여 포도주가 되게 하심으로 처음보다 더 좋은 선물을 주셨다. 오늘도 예수님은 우리에게 찾아오셔서 우리의 문제를 바꾸어 응답이 되는 좋은 선물을 주신다. 오늘 우리도 모든 문제를 예수님께 맡기고, 예수님의 말씀에 순종하며 살아가자. 예수님이 우리의 삶을 통하여 나타내시는 기적을 경험하며 살아가자.

6일째 묵상
내 아버지의 집
오늘의 말씀 / 요 2:13-22

예수님은 유월절에 예루살렘으로 올라가셨다. 예수님이 예루살
렘 성전에 도착했을 때 기도 소리가 울려 퍼져야 할 성전에는 장
사하는 사람들의 소리로 가득했다. 제물로 바쳐질 동물을 파는
사람들과 돈을 바꾸어 주는 사람들이 성전을 시장으로 만들어
버린 것이었다.

예수님은 양과 소를 내쫓으시고, 돈 바꾸는 사람들의 상을 엎
으셨다. 오늘 본문의 말씀을 통해서 우리에게 주시는 진리의 말
씀은 무엇일까?

성전은 하나님께 기도하는 곳이다

(사 56:7) 내가 곧 그들을 나의 성산으로 인도하여 기도하는 내 집에서 그

들을 기쁘게 할 것이며 그들의 번제와 희생을 나의 제단에서 기꺼이 받게
되리니 이는 내 집은 만민이 기도하는 집이라 일컬음이 될 것임이라

성전은 하나님의 얼굴을 찾는 곳이다. 역대하 7장에 보면 솔
로몬이 성전을 완공하고 나서 하나님께 기도할 때 하나님은 솔
로몬에게 말씀하셨다.

(대하 7:14) 내 이름으로 일컫는 내 백성이 그들의 악한 길에서 떠나 스스
로 낮추고 기도하여 내 얼굴을 찾으면 내가 하늘에서 듣고 그들의 죄를
사하고 그들의 땅을 고칠지라

우리는 자신도 모르게 악한 길을 따라서 살아갈 때가 있다.
그러나 하나님은 우리에게 그런 악한 길에서 떠나라고 말씀하
신다. 우리 스스로를 낮추며 겸손하게 하나님께 기도하고 하나
님을 찾으면 하나님은 우리의 기도를 들어주신다. 하나님이 하
늘에서 들으시고, 죄를 사하시고, 땅을 고쳐 주신다. 오늘 우리
도 하나님께 나아가 기도하고 부르짖자. 하나님이 우리의 기도
를 들으시고 응답해 주신다.

(대하 7:15) 이제 이곳에서 하는 기도에 내가 눈을 들고 귀를 기울이리니

기도하면 하나님이 눈을 들고 귀를 기울여 주신다. 하나님은

성전에서 부르짖어 간구하는 사람들을 지켜보고 계신다. 그들이 간구하고 부르짖는 것을 귀를 기울여 듣고 계신다. 우리의 기도는 독백이 아니다. 하나님이 주목하고 계신다. 하나님은 우리가 하나님께 간절히 기도할 때 우리를 바라보시고, 우리의 간구에 응답해 주신다.

성전은 거룩한 곳이다

(대하 7:16) 이는 내가 이미 이 성전을 택하고 거룩하게 하여 내 이름을 여기에 영원히 있게 하였음이라 내 눈과 내 마음이 항상 여기에 있으리라

성전이 거룩한 것은 그 성전을 거룩하신 하나님이 택하시고 거룩하게 하여, 하나님의 이름이 항상 그곳에 있으며 하나님의 눈과 마음이 항상 그 성전에 머물러 있기 때문이다. 하나님은 성전에서 우리의 기도를 듣고 계신다.

(요 4:24) 하나님은 영이시니 예배하는 자가 영과 진리로 예배할지니라

하나님께 영과 진리로 예배하라. 우리는 마음에 다가오는 욕심을 내쫓아야 한다. 마음에 다가오는 인본주의를 내쫓아야 한다. 하나님께 영과 진리로 드리는 예배를 방해하는 모든 것을

멀리하고, 하나님께 영과 진리로 기도드려야 한다. 사람들이 성전에서 처음부터 양을 팔고, 소를 팔고, 돈을 바꾸고 하지는 않았을 것이다. 한 사람, 두 사람 성전 가까이 와서 팔기 시작했고, 그 사람들이 어느 날 한 사람, 두 사람 성전 안으로 들어와 물건을 팔기 시작했을 것이다. 시간이 지나면서 다른 사람도 하는데 나도 해도 괜찮겠지 하는 생각을 하고, 사람들은 더 이상 성전에서 물건을 파는 것을 꺼리지 않았을 것이다.

(아 2:15) 우리를 위하여 여우 곧 포도원을 허는 작은 여우를 잡으라 우리의 포도원에 꽃이 피었음이라

오늘 우리도 우리의 신앙을 살펴보아야 한다. 우리의 포도원에 작은 여우가 들어와 신앙의 타협을 가져오게 하고, 기도를 세상적인 것으로 대체하게 하지 않는가? 장사하는 사람들이 성전을 점령하게 된 것은 작은 타협을 용납했기 때문이다. 거룩한 하나님께 나아가 간절히 기도하고, 하나님께 예배하는 것을 소홀히 여기지 말아야 한다.

성전은 예수님의 몸이다

(요 2:19) 예수께서 대답하여 이르시되 너희가 이 성전을 헐라 내가 사흘

동안에 일으키리라

예수님은 성전을 헐면 사흘 만에 다시 일으키겠다고 말씀하셨다. 성전은 예수님의 몸을 의미한다. 성전을 헐고 새롭게 짓는다는 것은 예수님의 죽음과 부활을 의미하는 것이다. 예수님은 어린 양처럼 죽음을 당하실 것이라는 것이다. 성전은 제사장이 동물을 잡아 피 흘려 하나님께 제사하는 곳이다.

동물이 피 흘려 죽는 것처럼, 예수님은 자신이 우리의 죄를 짊어지시고 어린 양처럼 죽을 것을 바라보고 계셨다. 하나님은 처음부터 이스라엘 백성들에게 회막에서 제사를 드리고, 성전에서 제사를 드려 피 흘리는 사건을 통하여 예수님이 십자가의 희생을 계획하셨다. 예수님이 우리를 위하여 죽으심으로 우리의 모든 죄가 사함을 받게 되었다.

예수님은 부활하셔서 우리에게 희망을 주신다. 예수님이 십자가에서 죽으시고 부활하심으로 우리도 새로운 인생을 살게 되었다. 예수님이 부활하심으로 우리는 새로운 피조물이 되었다. 이제 우리는 과거의 죄와 허물 속에서 살아가던 옛사람이 아니다. 이제 우리는 새사람으로 살아가야 한다. 성령의 은혜 가운데 날마다 승리하며 살아가자.

생각해 봅시다

우리는 하나님이 기뻐하시는 예배자요 기도자가 되어야 한다. 거룩하신 하나님은 우리의 몸을 성전 삼고 우리 안에 거하신다. 하나님이 우리 안에 계시니, 우리도 거룩하게 살아가자. 마음에 다가오는 탐심을 버리고, 기도하고 주님께 예배하며 새로운 피조물로 살아가자.

7일째 묵상
하나님의 선물
오늘의 말씀 / 요 3:14-21

요한복음 3장에 보면 니고데모는 바리새인으로서 유대인의 지도자였다. 그는 늘 궁금한 것이 있었다. '어떻게 하면 하나님의 나라를 볼 수 있고, 어떻게 하면 천국에 갈 수 있을까?' 하는 것이었다. 그는 그 해답을 얻기 위해서 사람들의 눈을 피하여 밤에 예수님께 찾아왔다. 예수님은 그에게 하나님이 우리에게 예비해 주신 선물에 대하여 설명해 주셨다. 오늘 본문이 우리에게 주는 진리는 무엇일까?

예수님은 우리에게 거듭남의 선물을 주신다

예수님은 니고데모에게 하나님의 나라에 들어가려면 물과 성령으로 다시 태어나야 한다고 말씀하셨다.

우리는 물로 거듭나야 한다. 하나님의 나라에 들어가려면 우리는 지금의 상태로 들어갈 수 없다는 것이다. 먼저 우리는 물로 거듭나야 한다.

(요 3:5) 예수께서 대답하시되 진실로 진실로 네게 이르노니 사람이 물과 성령으로 나지 아니하면 하나님의 나라에 들어갈 수 없느니라

물로 거듭나는 것은 예수를 믿고, 죄를 씻는 세례를 받는 것을 말한다. 누가 세례를 받는가? 예수를 믿고 자신의 죄를 고백하고 하나님의 뜻대로 살기로 결단하는 사람이 물세례를 받는 것이다. 예수를 믿고, 회개하고 물세례를 받는 순간 사람들은 다시 태어나게 된다. 우리는 예수를 믿고, 죄를 회개하고, 하나님의 뜻대로 살기로 결단해야 한다. 그런 결단을 가지고 하나님을 향해서 돌아설 때 하나님은 우리에게 하나님의 나라를 볼 수 있게 해 주신다.

성령으로 거듭나야 한다. 우리가 예수를 믿고 우리의 죄를 회개할 때, 성령은 우리를 거듭나게 하신다.

(요 3:8) 바람이 임의로 불매 네가 그 소리는 들어도 어디서 와서 어디로 가는지 알지 못하나니 성령으로 난 사람도 다 그러하니라

우리는 바람이 어디서 부는지 알 수 없다. 바람이 부는 소리는 들리고, 바람이 부는 것은 느껴지지만 바람이 어디서 와서 어디로 가는지 알 수 없다. 이와 같이 성령도 어떻게 역사하시는지는 알 수 없지만, 우리에게 변화를 주시고 거듭나게 해 주신다. 과거에는 죄 가운데 살았으나, 성령이 오셔서 우리를 거룩하게 하시고, 하나님을 사랑하고 이웃을 사랑하며 복음을 전하며 실 수 있는 힘을 주신다. 우리도 예수를 믿고 성령의 인도하심을 받아, 거듭난 사람으로서 변화된 삶을 살아가야 한다.

예수님은 우리에게 영생의 선물을 주신다

구약성경인 민수기에 보면 애굽에서 나온 이스라엘 백성들이 광야에서 길을 갈 때 길로 인하여 마음이 상하여 하나님께 대하여 원망하였다고 말한다. 그러자 사방에서 불뱀이 나와 사람들을 물어 이스라엘 백성들이 죽어 갔다. 위기 가운데 모세가 하나님께 간절히 기도할 때 하나님은 모세에게 구리뱀을 만들어 장대에 달고 그것을 바라보면 산다고 말씀하셨다.

> (민 21:8) 여호와께서 모세에게 이르시되 불뱀을 만들어 장대 위에 매달아라 물린 자마다 그것을 보면 살리라

모세는 어떤 상황에서도 하나님의 말씀을 믿고 순종하면 하나님이 책임져 주시는 것을 알았다. 그래서 그는 구리 뱀을 만들고 그것을 장대에 달았다. 놀랍게도 그 구리 뱀을 보는 사람마다 살았다. 오늘 우리도 하나님의 약속의 말씀을 따라서 살아갈 때 하나님은 우리의 모든 문제를 해결해 주신다.

(히 11:1) 믿음은 바라는 것들의 실상이요 보이지 않는 것들의 증거니

믿음은 바라는 것의 실상이다. 아직 이루어지지 않았지만 약속의 말씀이 이미 이루어진 것으로 믿을 때 실제로 길이 열리게 되는 것이다.

(요 3:14-15) [14] 모세가 광야에서 뱀을 든 것 같이 인자도 들려야 하리니 [15] 이는 그를 믿는 자마다 영생을 얻게 하려 하심이니라

십자가의 예수님을 믿으면 영생을 얻는다. 모세가 광야에서 뱀을 들었을 때, 그 뱀을 바라보는 사람마다 산다는 것을 믿고 바라볼 때 그들이 살았던 것처럼, 십자가에 달린 예수를 믿음으로 바라볼 때 살고 영생을 얻게 된다는 것이다. 오늘 우리는 무엇을 바라보고 있는가? 십자가에서 우리를 위하여 죽으시고 부활하신 예수님을 바라보고 살아가자.

예수님은 우리에게 풍성한 삶을 선물로 주신다

(요 3:16) 하나님이 세상을 이처럼 사랑하사 독생자를 주셨으니 이는 그를 믿는 자마다 멸망하지 않고 영생을 얻게 하려 하심이라

하나님은 우리를 사랑하신다. 얼마나 사랑하셨던지 자신의 아들의 목숨을 십자가에 내어 주실 정도로 사랑하셨다. 우리는 때로 문제가 다가올 때 '하나님이 나를 도와주실까? 내 기도를 들어주실까?' 생각할 때가 있다. 당연하다! 하나님은 우리의 문제를 해결해 주시고, 우리의 기도에 응답해 주신다. 그의 사랑하는 아들의 생명까지 주신 하나님이시기 때문이다. 그토록 우리를 사랑하시기 때문이다.

하나님은 풍성한 삶을 주신다. 하나님을 믿으면 멸망하지 않고 영생을 얻게 된다. 하나님은 오늘도 우리에게 풍성한 삶을 주시기를 원하신다. 오늘도 예수님을 의지함으로 하나님이 예비하신 풍성한 삶을 누리며 살아가자.

우리는 예수를 믿고, 회개하고, 물과 성령으로 거듭나서 하나님의 나라를 보고, 하나님의 나라에 들어가는 변화된 사람으로 살아가야 한다. 십자가에서 우리를 위하여 죽으시고, 부활하신 예수님을 우리의 구주로 믿자. 그런 사람에게 하나님은 멸망하지 않고 영생을 얻게 하신다. 우리는 더 이상 어둠 가운데 살지 말고, 주님의 생명의 빛 가운데 살기로 결단하자.

2장

풍랑을 잔잔하게 하신 예수님

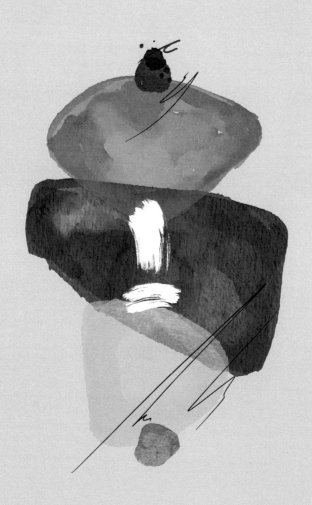

생명수를 주시는 예수님

오늘의 말씀 / 요 4:5-15

예수님은 어느 날 유대 지역을 떠나서 북쪽으로 올라가시다가 사마리아 지역으로 들어가셨다. 제자들은 예수님이 사마리아 지역으로 들어가시는 것을 보고 놀랐을 것이다. 유대인들은 유대인의 혈통의 순수성을 지키지 못한 사마리아 사람들의 지역에는 들어가지 않기 때문이다. 그런데 예수님은 왜 사마리아 지역으로 들어가신 것일까? 오늘 본문의 말씀을 통해서 우리에게 주시는 진리의 말씀은 무엇일까?

예수님은 절망한 사람들을 찾아가신다

예수님은 절망한 베드로를 찾아가셨다. 베드로는 갈릴리 바다에서 고기를 잡는 어부였다. 밤새도록 갈릴리 바다에서 고기

를 잡았으나 한 마리의 고기도 잡지 못하고 절망하여 그물을 수
리하고 있었다. 그때 예수님께서 오셔서 그의 배를 빌려 달라고
하시고, 배에서 갈릴리 바다 해변에 앉아 있는 무리를 가르치셨
다. 예수님은 왜 그의 배를 찾아오신 것일까? 예수님은 베드로
의 절망을 보셨기 때문이다. 베드로는 밤새 고기 잡으려고 애썼
고, 집에는 장모님이 병으로 누워 계셨다. 그런 베드로에게 예
수님이 찾아오신 것이다. 그리고 그가 들으라고 그의 배에서 말
씀을 전하셨다.

말씀을 마친 후 예수님은 베드로에게 깊은 곳에 가서 그물을
내리라고 말씀하셨다. 베드로가 그 말씀에 순종하여 그물을 내
리자 그와 친구의 배까지 물고기가 가득 차는 기적을 체험했다.
베드로의 인생에서 절망은 사라지고, 희망이 충만하게 되었다.
그는 그날 하나님의 나라가 자신에게 임하는 것을 보았다.

예수님은 절망한 여인을 찾아가셨다. 오늘 본문에 나오는 사
마리아 여인은 남편을 다섯 번이나 바꾸었다. 그 이야기만 들어
도 이 여인에게 얼마나 많은 사연이 있었을까 짐작할 수 있다.
그러나 그 여인은 아무리 남편을 바꾸어도 행복하지 않았다. 지
금은 여섯 번째 남자와 만나서 살고 있지만 그 여인은 여전히 절
망의 터널에 머물고 있었다. 동네 사람들은 그 여인만 나타나면
수근거렸다. 그래서 그 여인은 일부러 아무도 우물에 오지 않는
시간에 물을 길러 온 것이었다. 예수님은 그런 여인을 우물가에

서 만나 주셨다.

예수님은 여인의 아픔을 속속들이 알고 계셨다. 아무리 여러 번 결혼을 해도, 아무리 행복을 추구해도 하나님이 없는 삶은 아무리 마셔도 갈증을 주는 소금물과 같다는 사실을 보게 하셨다. 사람들은 살면서 절망을 만난다. 그러나 예수를 만나면 절망이 희망으로 바뀐다.

오늘 우리는 살아가면서 어떤 절망을 만나고 있는가? 희망의 주님을 만나자.

예수님은 놀라운 선물을 준비하고 계신다

(요 4:10) 예수께서 대답하여 이르시되 네가 만일 하나님의 선물과 또 네게 물 좀 달라 하는 이가 누구인 줄 알았더라면 네가 그에게 구하였을 것이요 그가 생수를 네게 주었으리라

예수님은 우리에게 하나님의 선물을 주신다. 우물가의 그 여인은 인생을 살아가면서 모르는 것이 있었다. 그것은 하나님이 그 여인을 위하여 예비하신 선물이 있다는 것이다. 그 선물이 무엇인가? 하나님은 그 여인을 위하여 영원히 목마르지 않도록 생수를 예비해 두었다.

예수님은 우리에게 영원히 목마르지 않는 생명수를 주신다. 예수님은 생명수를 주시는 분이시다. 그 여인이 예수님이 누구인지 알았더라면 오히려 그 여인이 예수님께 생명수를 달라고 했을 것이고, 예수님은 그 여인에게 생명수를 주셨을 것이다. 하나님께 구하면 하나님은 우리의 목마름을 해결해 주시는 생명수를 주신다.

> (요 7:37-38) [37] 명절 끝날 곧 큰 날에 예수께서 서서 외쳐 이르시되 누구든지 목마르거든 내게로 와서 마시라 [38] 나를 믿는 자는 성경에 이름과 같이 그 배에서 생수의 강이 흘러나오리라 하시니

오늘도 하나님은 우리에게 선물을 예비하고 계신다. 하나님을 믿고, 하나님이 주시는 선물을 받고 살아가자.

예수님은 영혼의 추수를 원하신다

하나님의 소원은 무엇인가? 하나님의 가장 큰 소원은 모든 사람이 구원을 받으며 진리를 아는 것이다.

> (딤전 2:4) 하나님은 모든 사람이 구원을 받으며 진리를 아는 데에 이르기를 원하시느니라

예수님은 이 세상에 오셔서 하나님의 소원을 이루어 드리기 위해서 늘 복음을 전하시고, 영혼의 추수를 하셨다.

(요 4:36) 거두는 자가 이미 삯도 받고 영생에 이르는 열매를 모으나니 이는 뿌리는 자와 거두는 자가 함께 즐거워하게 하려 함이라

뿌리는 자가 있고, 거두는 자가 있다. 어떤 사람은 복음을 열심히 전한다. '그런데 왜 나는 열매가 없지?' 그렇게 생각하는 사람이 있다. 열매가 없는 것이 아니다. 열매는 지금도 맺혀 가고 있다. 뿌리는 자의 사명을 다하고 있는 것이다. 어떤 사람은 잘 거둔다. 누군가 뿌렸기 때문에 거둔다는 것을 알아야 한다. 사도행전 8장에 보면 빌립이 사마리아에 가서 복음을 전할 때 수많은 사람들이 예수를 믿었다. 어떻게 그것이 가능했을까? 예수님이 이미 사마리아에 가서 복음의 씨를 뿌렸기 때문이다. 예수님을 만난 수가성 여인이 사마리아에서 복음의 씨를 뿌렸기 때문이다. 예수님이 뿌리시고, 사마리아 여인이 뿌린 씨앗을 빌립은 추수하게 된 것이다. 우리가 때를 얻든지 얻지 못하든지 복음의 씨를 뿌려야 할 이유가 여기에 있다.

(요 4:38) 내가 너희로 노력하지 아니한 것을 거두러 보내었노니 다른 사람들은 노력하였고 너희는 그들이 노력한 것에 참여하였느니라

예수님은 제자들에게 너희가 노력하지 않은 것을 거두러 보낸다고 말씀하셨다. 이미 많은 선지자들이, 많은 전도자들이 사람들에게 복음의 씨앗을 뿌렸다. 우리도 복음의 씨앗을 뿌리고 영혼들을 추수해야 한다.

생각해 봅시다

예수님은 절망에 처한 사람들을 찾아가신다. 예수님은 지역과 신분의 한계를 넘어서 절망한 사람들을 찾아가서 그들에게 예비하신 하나님의 생명수를 주신다. 예수님은 사람들을 차별하지 않으시고, 그들에게 하나님이 예비하신 구원의 복음을 주시고, 그 영혼이 구원을 받아 열매를 맺어 추수를 하기 원하신다. 오늘 우리도 절망에 처한 이웃을 찾아 나서자. 하나님이 예비하신 희망의 복음을 이웃들에게 나누어 주자.

9일째 묵상
불가능은 없다

오늘의 말씀 / 요 4:46-54

오늘 본문에 보면 왕의 신하의 아들이 열병으로 죽어가고 있었다. 왕의 신하는 예수님이 갈릴리 가나에서 물로 포도주를 만든 기적의 이야기를 듣게 되었을 것이다. 그는 예수님께 나아가 간구하면 자신의 아들이 살아날 수 있을 것으로 알고 예수님께 나아가 자신의 아들을 살려 달라고 간청했다. 예수님은 그의 간청을 들으시고, 그의 아들을 살려 주셨다는 것이 오늘 본문의 말씀이다. 오늘 본문을 통하여 우리에게 주시는 말씀은 무엇일까?

위기를 만날 때 예수님께 나아가자

(요 4:46) 예수께서 다시 갈릴리 가나에 이르시니 전에 물로 포도주를 만드신 곳이라 왕의 신하가 있어 그의 아들이 가버나움에서 병들었더니

위기를 만날 때가 기도할 때이다. 사람들은 위기를 만나면 크게 두 가지 종류의 행동을 한다. 첫째는 자포자기하는 경우이다. 좌절과 절망 속에서 자포자기하는 사람들이 있다. 둘째는 위기를 만날 때 그 위기의 문제를 하나님께 가지고 나아가 간구하고 하나님의 은혜를 구하는 것이다. 오늘 본문에 나오는 왕의 신하는 열병으로 고통하는 자신의 아들을 살리기 위해서 예수님께 나아가 간구하기로 결단했다.

(요 4:47) 그가 예수께서 유대로부터 갈릴리로 오셨다는 것을 듣고 가서 청하되 내려오셔서 내 아들의 병을 고쳐 주소서 하니 그가 거의 죽게 되었음이라

믿음으로 구하면 주신다. 왕의 신하는 예수님께 나아가서 내 아들의 병을 고쳐 달라고 간구했다. 그는 물이 변하여 포도주가 되게 하신 예수님이 자기 아들의 병도 고치실 것을 믿었다.

오늘 우리도 위기를 만나고, 문제를 만날 때 하나님께 나아가 믿음으로 간구하면 하나님은 우리의 간구에 응답해 주신다.

사무엘이 하나님께 부르짖어 기도할 때 하나님은 응답해 주셨다.

(삼상 7:9) 사무엘이 젖 먹는 어린 양 하나를 가져다가 온전한 번제를 여

호와께 드리고 이스라엘을 위하여 여호와께 부르짖으매 여호와께서 응답하셨더라

하나님은 오늘도 우리의 간구에 귀를 기울이시고, 우리의 간구에 응답해 주신다.

표적과 기사는 믿음을 주시기 위한 수단이다

(요 4:48) 예수께서 이르시되 너희는 표적과 기사를 보지 못하면 도무지 믿지 아니하리라

표적과 기사는 예수님을 믿게 한다. 예수님께서는 이 땅에 계실 때 많은 표적과 기사를 나타내셨다. 귀신을 쫓아내시고, 병든 자를 고치고, 죽은 자를 살리셨다. 예수님께서 이와 같이 표적과 기사를 행하심으로 많은 사람들이 예수님이 하나님의 아들이심을 믿게 하셨다. 갈릴리 가나에서 물을 포도주로 바꾸신 것도 예수님이 하나님의 아들이심을 믿게 하기 위해서 행한 기적이었다.

(요 2:11) 예수께서 이 첫 표적을 갈릴리 가나에서 행하여 그의 영광을 나타내시매 제자들이 그를 믿으니라

표적과 기사는 말씀을 확실히 증거하게 한다. 예수님은 다니시면서 말씀을 전하실 때마다 표적을 행하셨다. 그것은 말씀을 듣는 사람들이 말씀을 들을 때 예수님이 행하시는 표적을 봄으로, 예수님의 모든 말씀이 사실임을 확신하게 하시기 위해서였다.

(막 16:20) 제자들이 나가 두루 전파할새 주께서 함께 역사하사 그 따르는 표적으로 말씀을 확실히 증언하시니라

예수님은 불가능을 가능으로 바꾸어 주신다

왕의 신하가 예수님께 나아가 간절히 간구할 때 예수님은 불가능을 가능으로 바꾸어 주셨다. 하나님께 불가능한 것은 없다. 왕의 신하는 가버나움에서 갈릴리 가나에까지 가서 자신의 아들을 살려 달라고 간청했다. 가버나움에서 갈릴리 가나까지 먼 거리를 달려가서 예수님을 만난 것은 예수님이 자신의 아들을 고치시며 불가능을 가능으로 바꾸실 것이라는 믿음이 있었기 때문이다. 우리도 불가능을 가능으로 바꾸는 믿음으로 살아야 한다. 예수님이 우리의 간구하는 문제를 해결해 주시고 우리가 불가능하다고 생각하는 것을 가능으로 바꾸어 주신다.

(막 11:24) 그러므로 내가 너희에게 말하노니 무엇이든지 기도하고 구하

는 것은 받은 줄로 믿으라 그리하면 너희에게 그대로 되리라

오늘도 우리는 불가능을 가능으로 바꾸실 기적의 주님을 믿자. 예수님은 오늘도 기적을 베풀어 주신다.

믿고 구한 것은 주신 것으로 믿고 의심하지 말자. 왕의 신하는 예수님의 말씀을 의심하지 않고, 예수님의 말씀을 믿고 순종했다.

(요 4:50) 예수께서 이르시되 가라 네 아들이 살아 있다 하시니 그 사람이 예수께서 하신 말씀을 믿고 가더니

여기서 중요한 것은 그가 예수님의 말씀을 믿고 갔다는 것이다. 예수님이 그와 함께 집에 가시지 않아도 예수님이 그렇다고 하시니 의심하지 않고 그 약속의 말씀을 믿고 집으로 간 것이다.

(막 11:23) 내가 진실로 너희에게 이르노니 누구든지 이 산더러 들리어 바다에 던져지라 하며 그 말하는 것이 이루어질 줄 믿고 마음에 의심하지 아니하면 그대로 되리라

예수님이 왕의 신하에게 "가라! 네 아들이 살아 있다"라고 말씀하시는 순간 왕의 신하는 '이제 내 아들이 살았구나!'라고 믿

었다. 예수님이 그렇다고 하시니 그는 그 모든 말씀을 믿고 의심하지 않았다.

(히 11:1) 믿음은 바라는 것들의 실상이요 보이지 않는 것들의 증거니

그는 이미 치료가 그의 아들에게 임한 것을 믿었다. 그의 아들은 멀리 떨어져 있어 보이지 않지만, 그가 이미 나은 것을 믿음의 눈으로 바라보고 있었다. 그는 집으로 돌아가다가 도중에 집에서 온 종들을 만났다. 종들은 아이가 살았다고 놀라운 소식을 전했다. 종들은 주인이 예수님을 모시러 갔으니 염려와 걱정을 가지고 집을 나간 주인에게 기쁜 소식을 전하기 위해서 갈릴리 가나를 향해서 길을 떠난 것이었다. 오늘 우리도 문제를 하나님께 가지고 나가 간구하자. 하나님이 그 기도에 응답하실 것을 믿고 의심하지 말자. 오늘도 기적은 일어난다.

생각해 봅시다

위기는 우리가 하나님을 만날 기회이다. 하나님이 나의 문제를 해결해 주실 것을 믿고 하나님께 간구하면, 하나님은 위기를 바꾸어 복이 되게 하신다. 오늘 본문에 나오는 왕의 신하가 죽어 가는 아들을 살리기 위해서 예수님께 나가 간구할 때 예수님은 그의 아들을 살려 주셨다. 오늘 우리도 예수님께 나아가 예수님을 나의 주님으로 고백하고, 모든 문제를 예수님께 맡기고 기도하자. 예수님은 불가능을 가능으로 바꾸어 주신다.

회복

10일째 묵상

원망을 감사로 바꾸라

오늘의 말씀 / 요 5:1-9

오늘 본문에 보면 예수님은 베데스다 못가에서 38년 동안이나 육신의 질병으로 절망하고 살아가던 사람을 찾아가셨다. 예수님은 안식일임에도 불구하고 그에게 자리를 들고 걸어가라고 말씀하심으로 그의 병을 치료해 주셔서 그의 절망을 희망으로 바꾸어 주셨다. 오늘 본문의 말씀을 통하여 우리에게 주시는 말씀은 무엇일까?

베데스다 연못을 바라보지 말고 하나님을 바라보자

오늘 본문에 보면 육신의 질병으로 고통받는 사람들이 병 고침을 받기 위하여 베데스다 연못 주변에 모여 있었다. 베데스다 연못은 기적의 연못이기 때문이다.

(요 5:4) 이는 천사가 가끔 못에 내려와 물을 움직이게 하는데 움직인 후에 먼저 들어가는 자는 어떤 병에 걸렸든지 낫게 됨이러라

중병에 걸려서 의사가 치료하지 못하고, 약으로도 고치지 못하는 사람들은 베데스다 못가로 모여들어 낫기를 소원했다. 누구든지 물이 움직일 때 먼저 들어가기만 하면 그 병이 고침받는다는 말을 믿고 사람들이 그곳에 모여든 것이다. 수많은 병자, 맹인, 다리 저는 사람, 혈기 마른 사람들이 모여서 그곳에서 병고침을 사모했다. 그들은 베데스다 못가에 모여 그들에게 기적을 베풀어 주시는 하나님을 바라보았다.

하나님은 은혜의 하나님이시다. 하나님이 천사를 보내서 베데스다의 연못 물을 움직이게 하시는 이유는 하나님이 은혜의 하나님이심을 보여 주는 것이다.

(벧전 5:10) 모든 은혜의 하나님 곧 그리스도 안에서 너희를 부르사 자기의 영원한 영광에 들어가게 하신 이가 잠깐 고난을 당한 너희를 친히 온전하게 하시며 굳건하게 하시며 강하게 하시며 터를 견고하게 하시리라

인생에 고난이 다가와도 하나님은 그 고난을 통하여 온전하게 하시고, 굳건하게 하시고, 강하게 하시며, 견고케 하신다.

회복

어려움이 다가올 때 하나님을 바라보아야 한다. 하나님께서 이스라엘 백성들에게 베데스다의 연못을 허락하신 것은 베데스다 연못을 바라보라는 것이 아니다. 그 연못을 주신 하나님을 바라보라는 것이다. 우리를 치료하시는 하나님이 그들과 함께하고 계심을 잊지 말라는 것이다. 하나님을 경외하는 사람에게 하나님은 치료하는 광선을 비추어 주신다.

(말 4:2) 내 이름을 경외하는 너희에게는 공의로운 해가 떠올라서 치료하는 광선을 비추리니 너희가 나가서 외양간에서 나온 송아지같이 뛰리라

하나님은 고통 가운데 있는 사람을 찾아오신다

예수님은 육신의 질병으로 고통하는 사람들이 모여 있는 베데스다 연못을 찾아오셨다. 예수님은 거기서 38년 동안 병으로 고통받는 사람을 만나셨다.

(요 5:6) 예수께서 그 누운 것을 보시고 병이 벌써 오래된 줄 아시고 이르시되 네가 낫고자 하느냐

예수님은 우리의 모든 사정을 아신다. 예수님은 우리의 모든 것을 모르시는 것이 없다. 사마리아의 수가성에서 우물물을 길

러 온 여인의 사정을 예수님이 이미 알고 계셨던 것처럼, 베데스다 못가에서 병들어 고통당하는 사람도 오랫동안 병들어 있는 것을 예수님은 아셨다.

(시 139:2) 주께서 내가 앉고 일어섬을 아시고 멀리서도 나의 생각을 밝히 아시오며

문제 해결의 소원을 갖자. 요한복음 5장 6절에 예수님은 "네가 낫고자 하느냐?"라고 물으셨다. 그 이유는 그가 고침받기를 원하는 소원이 있는지 알기 원하시는 것이다. 소원을 갖는 것이 중요하다. 우리는 인생의 무거운 짐을 예수님께 가지고 나아가야 한다. 예수님은 우리의 모든 무거운 짐의 문제를 해결해 주시기를 원하신다.

(마 11:28) 수고하고 무거운 짐 진 자들아 다 내게로 오라 내가 너희를 쉬게 하리라

우리가 예수님의 이름으로 기도할 때 예수님은 우리의 기도를 들으시고 응답해 주신다.

(요 14:14) 내 이름으로 무엇이든지 내게 구하면 내가 행하리라

회복

하나님은 원망을 감사로 바꾸어 주신다

예수님은 우리에게 희망을 주신다. 예수님이 병자에게 "네가 낫고자 하느냐?"라고 물으시니 38년 된 병자가 대답했다.

(요 5:7) 병자가 대답하되 주여 물이 움직일 때에 나를 못에 넣어 주는 사람이 없어 내가 가는 동안에 다른 사람이 먼저 내려가나이다

그의 답변에는 절망이 담겨 있다. 나를 돕는 사람이 없다는 것이다. 연못 물이 움직일 때 누군가 도와줘야 그 물로 들어갈 수 있는데, 긴 병을 앓는 동안 그 옆에서 도와주던 사람도 떠나고 이제는 아무도 돕는 사람이 없었다. 그의 마음에는 속상함이 가득했다. 내가 가는 동안에 다른 사람이 먼저 내려간다는 것이다. 그보다 병이 중하지 않은 사람들이 먼저 가서 자신의 차례가 오지 않았다는 것이다. 그러나 예수님은 38년 된 병자가 고침받을 수 있다는 희망을 갖기를 원하셨다. 예수님은 그의 절망을 희망으로 바꾸어 주신다.

안식일은 선한 일을 행하는 날이다. 예수님은 38년 된 병자에게 일어나 네 자리를 들고 걸어가라고 명하셨다. 그러자 그 사람이 곧 나아서 걷게 되었다.

(요 5:8-9) [8] 예수께서 이르시되 일어나 네 자리를 들고 걸어가라 하시니 [9] 그 사람이 곧 나아서 자리를 들고 걸어가니라 이날은 안식일이니

예수님은 안식일임에도 불구하고 그 병자를 고치심으로, 안식일에 대한 의미를 재해석해 주셨다. 안식일은 무조건 아무것도 하지 않는 날이 아니라, 선한 일을 행하는 날임을 강조하신 것이다. 안식일에도 병자를 고치고, 사랑은 실천되어야 한다.

생각해 봅시다

우리가 문제를 만날 때 할 일은 사람을 바라보고 환경을 바라보고 절망하고 살아가는 것이 아니라, 문제의 해결자이신 하나님을 바라보는 것이다. 예수님이 38년 된 병자를 찾아오신 것같이 예수님은 오늘도 우리를 찾아오신다. 우리에게 오셔서 우리의 원망과 불평을 감사로 바꾸어 주시고 우리에게 기적을 선물로 주신다. 오늘도 우리에게 이 놀라운 선물을 주시는 예수님을 의지하고 살아가자.

지금도 일하고 계시는 하나님

오늘의 말씀 / 요 5:17-25

하나님은 일하시는 하나님이시다. 하나님은 혼자서 일하시지 않으시고 그의 일을 사람들과 나누어서 하신다. 하나님은 세상을 창조하시고, 그 세상을 아담과 하와에게 맡겨서 정복하고 다스리게 하셨다. 하나님은 오늘도 일하고 계신다. 오늘 본문의 말씀을 통하여 우리에게 주시는 진리의 말씀은 무엇일까?

하나님은 지금도 일하신다

오늘 본문에 보면 예수님은 "내 아버지께서 이제까지 일하시니 나도 일한다"라고 말씀하셨다. 예수님은 하나님을 자신의 아버지라고 말씀하시고, 하나님은 일을 행하시는 하나님이라고 말씀하셨다.

(렘 33:2) 일을 행하시는 여호와, 그것을 만들며 성취하시는 여호와, 그의 이름을 여호와라 하는 이가 이와 같이 이르시도다

하나님은 천지와 만물을 창조하시고 인간을 지으셨다.

(창 1:1) 태초에 하나님이 천지를 창조하시니라

하나님이 우리를 지으셨기 때문에 우리의 모든 것을 알고 계시고, 우리의 몸도 알고 계신다. 우리가 병들었을 때 하나님께 나아가 간구하면, 우리의 몸을 만드신 하나님께서 우리의 몸도 고쳐 주신다. 우리의 모든 것을 알고 계시기 때문이다.

하나님은 우리의 인생을 인도하신다. 우리가 기도할 때 하나님은 일하시고, 우리를 인도하신다. 일하시는 하나님께 우리의 모든 인생의 문제를 맡기면 하나님은 우리의 문제를 해결해 주시고 우리를 인도해 주신다.

(시 23:2-3) [2] 그가 나를 푸른 풀밭에 누이시며 쉴 만한 물가로 인도하시는도다 [3] 내 영혼을 소생시키시고 자기 이름을 위하여 의의 길로 인도하시는도다

하나님께 기도하면 하나님은 결국 우리를 푸른 풀밭에 누이

시고, 쉴 만한 물가로 인도해 주시는 것이다. 하나님이 일하시면 우리의 인생에 놀라운 기적이 일어난다. 하나님은 그의 백성에게 천사를 보내 도와주시고, 지켜 주신다.

(시 91:11) 그가 너를 위하여 그의 천사들을 명령하사 네 모든 길에서 너를 지키게 하심이라

하나님은 일하시는 하나님이시다. 하나님은 지금도 일하고 계신다. 그래서 예수님은 하나님과 같이 일하시고, 귀신을 쫓아내시고, 병든 자를 고치시고, 하나님의 나라를 선포하셨다.

예수님은 하나님의 일을 행하셨다

(요 5:19) 그러므로 예수께서 그들에게 이르시되 내가 진실로 진실로 너희에게 이르노니 아들이 아버지께서 하시는 일을 보지 않고는 아무것도 스스로 할 수 없나니 아버지께서 행하시는 그것을 아들도 그와 같이 행하느니라

예수님은 스스로 하지 않으시고, 하나님이 하시는 일을 보고 행하셨다. 아들은 아버지가 하는 일을 유심히 본다. 그래서 아버지가 하는 것을 보고 배워 아버지가 하는 것처럼 자신도 한다.

예수님은 아버지 하나님이 하시는 일을 유심히 지켜보시고 하나님이 하시는 일을 예수님도 그대로 행하셨다.

예수님은 가르치고, 복음을 전파하고, 치유하셨다. 성경에 보면 하나님은 선지자들을 보내서 그의 백성들에게 말씀을 가르치시고, 천국의 복음을 전파하시고, 그의 백성들을 치유하셨다. 예수님은 아버지가 하시는 일을 그대로 행하셨다.

(마 4:23-24) [23] 예수께서 온 갈릴리에 두루 다니사 그들의 회당에서 가르치시며 천국 복음을 전파하시며 백성 중의 모든 병과 모든 약한 것을 고치시니 [24] 그의 소문이 온 수리아에 퍼진지라 사람들이 모든 앓는 자 곧 각종 병에 걸려서 고통당하는 자, 귀신 들린 자, 간질하는 자, 중풍병자들을 데려오니 그들을 고치시더라

하나님은 안식일에도 일하신다. 예수님이 안식일에도 병자를 고치시는 이유는 하나님께서 안식일에도 영혼을 돌보시고, 구원하시며, 치료하시며 선을 행하시는 하나님이시기 때문이다. 바리새인들과 서기관들은 안식일의 개념을 단지 일을 하지 않고 쉬는 날로 생각했지만 안식일은 단순히 일을 하지 않고 쉬는 날이 아니라 하나님의 영광을 위하여 선한 일을 하는 날이다. 병든 자를 위해서 기도해야 하는 날이고, 주변의 어려움 가운데

있는 사람들을 위하여 중보기도를 하는 날이다. 하나님께서는 간절히 기도하는 사람들의 기도에 귀 기울여 주시고, 응답해 주시고, 병을 고쳐 주신다. 하나님은 안식일에도 일하신다. 그래서 예수님은 안식일에도 아버지와 같이 병든 자를 고치고 기적을 베풀어 주셨다.

하나님은 죽은 자를 살리신다

(요 5:21) 아버지께서 죽은 자들을 일으켜 살리심같이 아들도 자기가 원하는 자들을 살리느니라

성경에 보면 하나님은 죽은 자를 살리시고, 예수님도 죽은 자를 살리셨다. 왜 하나님과 예수님은 죽은 자를 살리셨을까? 첫째로, 하나님은 죽은 자를 살리기 원하시는 사랑의 하나님이심을 보여 주시기 위함이다. 둘째로, 하나님은 죽은 자를 살릴 수 있는 권능의 하나님이심을 보여 주시기 위함이다. 셋째로, 장차 예수님께서 십자가에서 죽으심으로, 모든 사람들의 죄를 짊어지시고 죽으심으로 모든 영혼들을 살리실 것을 보여 주는 것이다. 예수님은 우리도 죽은 자를 살리기 원하신다. 우리가 어떻게 죽은 자를 살릴 수 있는가? 하나님을 알지 못하고, 죄로 죽은 영혼들에게 가서 복음을 전하고, 죽은 자를 살리시는 하나님의

사랑을 전하라는 것이다. 죽은 자를 살리시는 권능의 하나님을 전하자. 우리의 죄를 위하여 십자가에 죽으시고 부활하신 예수님을 전하자.

생각해 봅시다 ···

하나님은 지금도 일하고 계신다. 하나님은 안식일에도 기도를 들으시고, 그 기도에 응답하신다. 예수님도 하나님이 일하시는 것처럼 안식일에도 병든 자를 고쳐 주시고, 은혜를 베풀어 주셨다. 하나님은 우리도 안식일에 하나님을 예배하고, 서로를 섬기며 선을 행하며 사랑하며 선을 행하며 살기를 원하신다. 우리 주변에 어려움을 당하는 이웃들에게 하나님의 사랑을 나누며 살아가자.

예수님께 맡길 때 생기는 일

오늘의 말씀 / 요 6:1-13

오늘 본문에 보면 예수님이 보리떡 다섯 개와 물고기 두 마리로 남자만도 5천 명을 먹이신 기적을 보여 주신다. 남자만도 5천 명이니, 여자와 아이들까지 하면 수만 명의 사람들이 먹었을 것이다. 예수님은 왜 이런 기적을 행하신 것일까? 오늘 본문을 통하여 예수님이 우리에게 주시려는 말씀은 무엇일까?

예수님은 생명의 떡이시다

예수님께 나오는 사람은 결코 주리지 않는다.

(요 6:35) 예수께서 이르시되 나는 생명의 떡이니 내게 오는 자는 결코 주리지 아니할 터이요 나를 믿는 자는 영원히 목마르지 아니하리라

예수님은 자신에게 오는 사람은 결코 주리지 않는다고 말씀하셨다. 오늘 우리는 예수님을 의지하고 예수님께 나아갈 때 결코 주리지 않는다.

예수님은 우리에게 자신의 몸을 주신다

(막 14:22) 그들이 먹을 때에 예수께서 떡을 가지사 축복하시고 떼어 제자들에게 주시며 이르시되 받으라 이것은 내 몸이니라 하시고

예수님은 제자들에게 떡을 가지고 축복하시며, 제자들에게 나누어 주시면서 이 떡은 자신의 몸이라고 말씀하셨다. 이스라엘 백성들이 광야에서 40년 생활을 할 때 이스라엘 백성들은 매일 하늘에서 내려 주시는 만나를 먹고 살았다. 오늘 우리도 예수님께 나와 예수님의 말씀을 먹는 것은 예수님의 몸을 먹고, 예수님이 주시는 생명을 먹는 것이다. 먹는 것은 예수님을 우리 안에 깊이 모셔 드리는 것을 의미한다. 날마다 생명 되시는 예수님을 우리 안에 깊이 모셔 드리자.

회복

예수님은 사람들을 불쌍히 여기신다

예수님은 배고픈 사람들을 바라보셨다.

(요 6:5) 예수께서 눈을 들어 큰 무리가 자기에게로 오는 것을 보시고 빌립에게 이르시되 우리가 어디서 떡을 사서 이 사람들을 먹이겠느냐 하시니

오늘 본문에 보면 예수님께서 눈을 들어 큰 무리를 보셨다고 말한다. 수많은 사람들이 예수님께 나아와서 말씀을 듣고, 은혜를 받았다. 그러나 시간이 많이 흐르면서 그들이 허기져 배고파하는 것을 예수님은 보셨다. 그래서 예수님은 허기진 그들을 먹여 보내시기를 원하셨다.

예수님은 사랑의 주님이시다

(시 72:13) 그는 가난한 자와 궁핍한 자를 불쌍히 여기며 궁핍한 자의 생명을 구원하며

예수님은 사랑의 주님이시다. 우리의 모든 연약함을 채워 주시고, 먹이기를 원하신다. 부모가 자녀들에게 먹이기를 원하듯,

예수님도 우리가 예수님께 나아갈 때 우리를 바라보시고, 우리의 배고픔을 해결해 주시고, 우리의 문제를 해결해 주시는 사랑의 주님이시다.

예수님은 문제 해결의 방법을 알고 계신다. 예수님은 빌립에게 어디서 떡을 사서 사람들을 먹이겠냐고 물어보셨다. 그러나 예수님이 빌립에게 이렇게 질문을 한 것은 그 방법을 몰라서가 아니었다.

(요 6:6) 이렇게 말씀하심은 친히 어떻게 하실지를 아시고 빌립을 시험하고자 하심이라

이미 예수님은 해결책을 알고 계셨다. 예수님은 오늘 우리의 모든 문제를 알고 계시고, 그 해결책도 알고 계신다. 우리의 모든 문제를 예수님께 맡기면 예수님은 그 모든 문제를 해결하시고 길을 열어 주신다.

불가능한 것을 바라보지 말고 가능성에 초점을 맞추자. 예수님은 빌립의 반응을 보기를 원하셨다. 빌립은 불가능성에 초점을 맞추었다.

(요 6:7) 빌립이 대답하되 각 사람으로 조금씩 받게 할지라도 이백 데나

리온의 떡이 부족하리이다

빌립은 똑똑한 사람이어서 순간적으로 계산을 했다. 사람들은 부정적인 것에 대하여 쉽게 반응한다. 그러나 예수님은 우리가 할 수 없는 것, 부정적인 것에 초점을 맞추기를 원치 않으신다. 그런 상황에서 어떻게 백성들을 먹일 수 있는가? 가능성을 생각해 보라는 것이다.

안드레는 가능성에 초점을 맞추었다. 안드레는 자기에게 무엇이 있는지 찾아보았다. 먹을 것을 찾아다니다 보니 한 아이가 보리떡 다섯 개와 물고기 두 마리를 가지고 있는 것을 발견할 수 있었다. 그는 그것을 예수님께 가지고 온 것이다.

문제를 만나도 가능성에 초점을 맞추면 길이 열린다. 오늘 우리도 삶 가운데 어떤 어려움이 있든지 가능성에 초점을 맞추고 살아가자.

예수님께 맡기면 기적이 일어난다

기도는 기적을 가져온다.

(요 6:11) 예수께서 떡을 가져 축사하신 후에 앉아 있는 자들에게 나눠 주시고 물고기도 그렇게 그들의 원대로 주시니라

예수님은 안드레가 가져온 떡과 물고기를 보시고, 그 떡과 물고기에 축복 기도를 하셨다. 그리고 그 떡과 물고기를 사람들에게 나누어 주게 하셨다. 떡 다섯 개와 물고기 두 마리가 얼마나 된다고 사람들에게 나누어 주라고 하실까? 놀라운 사실은 그들에게 원하는 만큼 줄 수 있는 기적을 주시고, 남자만도 5천 명이 먹을 수 있는 기적을 베풀어 주셨다.

우리가 문제를 예수님께 맡기면 예수님은 문제를 바꾸어 기적이 되게 하신다.

(시 20:1) 환난 날에 여호와께서 네게 응답하시고 야곱의 하나님의 이름이 너를 높이 드시며

우리가 어려움을 만날 때, 우리의 문제를 하나님께 맡겨야 한다. 우리가 문제를 맡길 때 하나님은 우리의 문제를 들으시고 응답해 주신다. 예수님도 문제를 가지고 하나님께 가지고 나갔다. 배고파하는 사람들을 먹이기를 원하시는 예수님이 하나님께 문제를 가지고 나갔더니, 놀라운 기적을 선물로 주셨다.

작은 것이라고 무시하지 말라

(요 6:9) 여기 한 아이가 있어 보리떡 다섯 개와 물고기 두 마리를 가지고

게 포도주가 없다 하니

결혼식에 있어서 음식이 떨어지는 것은 당황스러운 일이다. 밥이나 반찬이 떨어지면 빨리 만들면 되지만 오늘 본문에 보니 "포도주가 떨어진지라"라고 말하고 있다. 이스라엘 사람들에게 포도주는 음료수와 같다. 물에 석회질이 많아서 물 대신에 식사 때 포도주를 마시는 사람들이 많다. 그렇게 중요한 포도주인데, 그 포도주가 잔치에서 떨어진 것이다. 그러나 신랑 신부가 잘한 일이 있다. 그것은 예수님을 결혼식에 초청한 일이다. 인생에 문제가 없을 수는 없으나, 예수님을 우리의 삶에 초청하면 예수님은 우리 삶의 모든 문제를 해결해 주신다. 오늘 우리도 우리의 인생에 예수님을 초청하자. 우리 가정에, 부부 사이에도, 자녀 교육에도, 직장과 사업장에도 예수님을 초청하자. 예수님이 함께하실 때 우리의 모든 문제가 해결된다.

(마 11:28) 수고하고 무거운 짐 진 자들아 다 내게로 오라 내가 너희를 쉬게 하리라

우리는 인생의 무거운 짐을 가지고 산다. 예수님께 맡기고, 예수님이 주시는 쉼을 경험하자.

있나이다 그러나 그것이 이 많은 사람에게 얼마나 되겠사옵나이까

안드레는 자신은 능력이 없지만 예수님은 권능이 있으신 분이므로 예수님이 사람들을 먹일 수 있을 것이라는 기대가 있었다. 그래서 떡 다섯 개와 물고기 두 마리를 예수님께 가지고 간 것이다. 예수님은 아무리 작은 것이라도, 예수님의 손에 맡겨 드리면 그것으로 기적을 행하신다. 오늘 우리도 작은 것이라도 믿음으로 예수님의 손에 올려 드리자. 기적이 일어난다.

생각해 봅시다

예수님은 우리에게 생명의 양식을 주신다. 예수님은 오늘도 문제로 배고파하고 힘들어하는 사람들을 찾아오셔서 그들의 배고픔을 해결해 주신다. 작은 것이지만 기적을 기대하며, 믿음으로 예수님의 손에 내어 드리자. 불가능을 바라보지 말고, 가능성에 초점을 맞추자. 예수님은 오늘도 기적을 베풀어 주신다.

풍랑을 두려워하지 말라

오늘의 말씀 / 요 6:14-21

떡 다섯 개와 물고기 두 마리로 수많은 사람들을 먹인 기적은 사람들에게 큰 흥분을 가져다 주었다. 사람들은 예수님을 임금 삼으려고 했다. 예수님은 군중을 집으로 돌려보내시고, 제자들은 배를 타고 갈릴리 호수를 먼저 건너게 하시고, 자신은 기도하러 산에 올라가셨다. 예수님이 산에서 기도하다 보니, 갑자기 호수에 큰 풍랑이 다가와서 제자들이 당황하고 있는 것이 보였다. 예수님은 물 위를 걸어가셔서 그들을 풍랑에서 건져 주셨다. 오늘 본문을 통해서 우리에게 주시는 말씀은 무엇일까?

사람들의 생각과 하나님의 생각은 다르다

사람들은 예수님의 기적의 의미를 오해하고 있었다.

(사 55:8) 이는 내 생각이 너희의 생각과 다르며 내 길은 너희의 길과 다름이니라 여호와의 말씀이니라

하나님이 예수님을 이 땅에 보내신 것은 이 세상의 임금이 되라고 보내신 것이 아니었다. 그러나 사람들은 예수님이 자신들의 임금이 되어, 자신들을 로마의 압제하에서 건져 주실 것을 기대했다.

(요 6:14) 그 사람들이 예수께서 행하신 이 표적을 보고 말하되 이는 참으로 세상에 오실 그 선지자라 하더라

그들은 예수님이 이사야가 예언했던 바로 그 선지자라고 생각했다. 그래서 그들은 예수님께서 자신들의 임금이 되기를 원한 것이다. 예수님은 이 세상의 임금으로 오신 것이 아니라, 만민을 구원하려고 오신 것이다.

(요 6:15) 그러므로 예수께서 그들이 와서 자기를 억지로 붙들어 임금으로 삼으려는 줄 아시고 다시 혼자 산으로 떠나가시니라

표적을 본 사람들은 예수님을 억지로 붙들어 임금으로 삼으려고 했다. 그러나 예수님은 사람들의 그런 행동에 관심이 없었다. 예수님의 관심은 하나님께서 예수님을 통해서 이 땅에서 이

루시려는 죄 사함과 구원이었다. 예수님은 모든 사람들의 죄를 짊어지시고, 그들을 위하여 십자가에서 죽으시고 부활하심으로 구원을 이루기를 원하셨다.

인생에는 풍랑이 다가온다

인생의 풍랑은 예상치 못할 때 다가온다.

(요 6:17-18) [17] 배를 타고 바다를 건너 가버나움으로 가는데 이미 어두웠고 예수는 아직 그들에게 오시지 아니하셨더니 [18] 큰 바람이 불어 파도가 일어나더라

제자들이 배를 타고 바다를 건너 가버나움으로 가는데 도중에 큰 바람이 불어 파도가 일어나기 시작했다. 우리에게도 예상치 못하는 풍랑이 다가온다. 우리도 코로나19로 인하여 많은 어려움을 지났다. 우리가 풍랑을 만날 때 하나님을 의지해야 한다.

인생의 풍랑은 우리에게 절망을 가져온다. 바울은 로마로 가는 배를 타고 가다가 갑자기 유라굴로라는 풍랑을 만났다.

(행 27:20) 여러 날 동안 해도 별도 보이지 아니하고 큰 풍랑이 그대로 있으매 구원의 여망마저 없어졌더라

얼마나 풍랑이 심했던지, 바울과 그 배에 탄 모든 사람들은 구원의 소망도 사라졌다. '이제는 죽었구나' 하는 절망이 그들을 사로잡았다. 풍랑이 다가오면 사람들은 절망하게 된다. 그러나 풍랑을 만났다고 모든 것이 끝난 것은 아니다. 우리의 삶에 풍랑이 다가오고, 절망이 우리를 사로잡아도, 하나님이 우리와 함께하심을 기억해야 한다.

어떤 절망에도 희망을 버리지 말자. 하나님은 우리가 어떤 절망을 만나도 그 절망에서 벗어날 길을 예비하고 계신다. 성경에 보면 이스라엘 백성들이 광야에서 문제를 만날 때마다 하나님은 그들을 위해서 모든 것을 예비하고 계셨다. 우리도 인생을 살아가면서 절망을 만나더라도, 희망을 버리지 말아야 한다. 하나님께서 길을 열어 주신다.

(시 62:1) 나의 영혼이 잠잠히 하나님만 바람이여 나의 구원이 그에게서 나오는도다

다윗은 어떤 위기에서도 하나님만 바라보았다. 그는 구원이 하나님으로부터 나오는 것을 알았기 때문이다. 오늘 우리는 어

떤 풍랑을 만났는가? 그래도 절망하지 말자. 풍랑 가운데 함께 하시는 하나님을 바라보자. 하나님이 우리를 도와주신다.

예수님이 함께하시니 두려워하지 말라

예수님은 인생의 풍랑 만난 사람을 찾아오신다.

> (요 6:19) 제자들이 노를 저어 십여 리쯤 가다가 예수께서 바다 위로 걸어 배에 가까이 오심을 보고 두려워하거늘

예수님이 제자들에게 가시려고 산에서 내려와 보니, 타고 갈 수 있는 배가 없었다. 그래서 예수님은 갈릴리 해변에서 10여 리가 되는 거리를 물 위를 걸어서 제자들에게 가셨다. 짧은 거리가 아니고 10여 리를 갈릴리 바다를 걸어서 제자들에게 가신 것이다. 예수님은 풍랑을 만난 사람들을 위하여 아무리 먼 길이라도, 그것이 물 위라도 마다하지 않고 가신다.

풍랑 이는 바다 위를 걸어서 예수님이 제자들에게 가신 것처럼, 예수님은 우리 인생의 풍랑 이는 바다를 걸어서 우리에게 오신다.

어떤 문제를 만나도 두려워하지 말자. 예수님은 풍랑 이는 바다를 걸어와서 제자들에게 말씀하셨다.

(요 6:20) 이르시되 내니 두려워하지 말라 하신대

제자들은 풍랑으로 인하여 두려웠고, 물 위로 걸어오는 존재를 보고 두려웠다. 그들은 유령인 줄 알았을 것이다. 그러자 예수님은 두려워하는 제자들에게 "내니 두려워하지 말라"라고 말씀하셨다. 우리는 풍랑이 다가와도 두려워하지 말자. 예수님이 우리와 함께하신다.

예수님을 영접하라

(요 6:21) 이에 기뻐서 배로 영접하니 배는 곧 그들이 가려던 땅에 이르렀더라

풍랑 이는 바다에서 제자들은 예수님을 만났고, 예수님을 배에 영접했다. 예수님이 배에 타시니 풍랑은 멈추고, 배는 곧 그들이 가려던 땅에 도착하게 되었다.

오늘 인생의 문제를 만날 때 우리가 할 일은 예수님을 우리의 인생에 영접하는 것이다. 예수님을 우리의 삶 가운데 모셔 드리고, 영접하면 예수님은 우리의 인생의 풍랑을 멈추게 하시고, 우리를 인생의 목적지에 안전하게 도착하게 해 주신다.

생각해 봅시다

우리는 때로 우리의 생각대로만 살려고 할 때가 있다. 그러나 하나님의 생각과 우리의 생각이 다르다는 것을 알아야 한다. 우리는 늘 말씀을 묵상하고 기도하여 하나님의 뜻에 초점을 맞추고 살아야 한다. 인생에는 누구에게나 풍랑이 다가오고 절망이 다가온다. 어떤 인생의 풍랑이 다가와도 예수님이 우리와 함께하심을 기억하자. 예수님을 의지하고, 예수님과 동행하는 삶을 살아가자.

14일째 묵상
생명의 떡이신 예수님

오늘의 말씀 / 요 6:30-40

벳세다 광야에서 떡 다섯 개와 물고기 두 마리로 남자만도 5천 명이 넘는 사람들을 먹이신 표적은 그곳에 있는 사람들을 흥분 하게 만들었다. 예수님께서는 흥분한 무리들을 모두 흩어서 집 으로 돌려보냈음에도 불구하고 다음날 사람들은 예수님께 모 여들었다. 그들에게 예수님은 자신이 하늘에서 내려와 사람들 에게 생명을 주는 참 떡이라고 말씀하셨다. 오늘 본문의 말씀을 통하여 우리에게 주시는 교훈은 무엇일까?

예수님은 우리에게 생명의 양식을 주신다

출애굽기에 보면 이스라엘 백성들이 애굽에서 나와 광야에 있을 때 하나님은 그들에게 만나를 내려 주셨다. 그 만나를 통해서 이스라엘 백성들은 40년 동안 광야에서 굶지 않고 살 수 있었다.

하나님의 떡은 세상에 주시는 생명을 의미한다.

(요 6:33) 하나님의 떡은 하늘에서 내려 세상에 생명을 주는 것이니라

하나님이 광야에서 이스라엘 백성들에게 만나를 내려 주신 것은 하나님이 그들에게 생명의 떡을 주시는 분이심을 이야기하고 있고, 장차 이 땅에 우리에게 생명을 공급해 주시는 예수님이 오셔서 우리에게 생명의 떡을 주실 것을 보여 주는 것이다. 구약의 만나의 사건은 신약에 오실 우리의 만나가 되시는 예수님을 보여 주는 그림자이다.

예수님을 믿으면 결코 주리지 않는다

(요 6:35) 예수께서 이르시되 나는 생명의 떡이니 내게 오는 자는 결코 주리지 아니할 터이요 나를 믿는 자는 영원히 목마르지 아니하리라

예수님은 자신을 '생명의 떡'이라고 말씀하셨다. 생명의 떡이라는 것은 예수님께서 우리에게 생명을 주시는 분이라는 것이다. 예수님을 믿고 영접하면 예수님은 우리에게 영생을 주신다. 예수님께 오는 사람은 결코 주리지 않는다. 오늘 우리가 주목해야 할 문장은 "내게 오는 자는 결코 주리지 않는다"라는 것이다. 양식을 얻기를 원하는가? 그렇다면 내 수완과 힘을 의지하고 살아갈 것이 아니라, 예수님께 나아가야 한다. 예수님께 오는 자는 결코 주리지 않을 것이기 때문이다. 예수님의 말씀에 순종하여 예수님께 나아가자.

예수님은 우리를 목마르지 않게 하신다

(요 6:35) 예수께서 이르시되 나는 생명의 떡이니 내게 오는 자는 결코 주리지 아니할 터이요 나를 믿는 자는 영원히 목마르지 아니하리라

예수님은 우리의 생수의 공급자가 되신다.

(요 7:37) 명절 끝날 곧 큰 날에 예수께서 서서 외쳐 이르시되 누구든지 목마르거든 내게로 와서 마시라

우리는 인생을 살아가면서 수많은 문제와 어려움으로 인해서 목마름을 가지고 살아간다. 그러나 예수님은 우리가 목마를 때 우리의 목마름의 문제를 해갈해 주신다. 오늘도 우리가 예수님

께 나오면 예수님은 우리에게 생수를 주신다.

> (사 55:1) 오호라 너희 모든 목마른 자들아 물로 나아오라 돈 없는 자도
> 오라 너희는 와서 사 먹되 돈 없이, 값없이 와서 포도주와 젖을 사라

오늘 예수님께 나아오면 예수님은 우리의 인생의 문제를 해결해 주셔서 인생의 목마름을 해결해 주신다. 기쁨과 평안 속에서 살도록 인도해 주신다.

예수님은 반석에서 생수를 주신다. 이스라엘 백성들이 광야에서 물이 없을 때, 하나님은 모세에게 반석에 명하여 물이 나오게 하라고 말씀하셨다. 그 반석이 무엇인가? 찬송가에 보면 "만세 반석 열리니 내가 들어갑니다"라는 찬송이 있다. 만세 반석은 예수님을 의미한다. 구약에 광야에서 반석이 터져 생수가 나온 것은 신약에서 예수님이 우리를 위하여 십자가에 죽으시고, 그의 손과 발에 대못이 박히고, 옆구리에 창에 찔리시며, 등에는 채찍을 맞아 온몸이 찢어져 물과 피가 쏟아져 나온 것을 보여준다. 놀랍게도 예수님의 몸이 깨어지는 순간 우리가 구원을 받게 되었고, 우리의 모든 목마름이 해결이 되었다. 예수님이 우리에게 인생의 생수를 공급해 주신 것이다.

> (사 44:3) 나는 목마른 자에게 물을 주며 마른 땅에 시내가 흐르게 하며

나의 영을 네 자손에게, 나의 복을 네 후손에게 부어 주리니

오늘 우리에게도 목마름이 있지 않은가? 문제가 있지 않은가? 예수님께 나아가자. 예수님을 만나자. 예수님이 우리의 모든 목마름을 해갈해 주시고, 문제를 해결해 주신다.

예수님은 우리에게 영생을 주신다

예수님은 한 영혼도 잃어버리지 않고 다시 살리기 원하신다.

(요 6:39) 나를 보내신 이의 뜻은 내게 주신 자 중에 내가 하나도 잃어버리지 아니하고 마지막 날에 다시 살리는 이것이니라

예수님은 선한 목자가 양들을 위하여 목숨을 걸고 그 양들을 지키는 것처럼, 자신의 목숨을 걸고 양들을 지키신다. 마귀는 와서 도둑질하고 멸망시키려고 하지만, 예수님은 그들을 마귀에게 빼앗기지 않고 지키신다.

(요 6:40) 내 아버지의 뜻은 아들을 보고 믿는 자마다 영생을 얻는 이것이니 마지막 날에 내가 이를 다시 살리리라 하시니라

여기서 중요한 말씀이 나온다. 우리가 영생을 받는 비결은 "아들을 보고 믿는 자마다 영생을 얻는 것이라"라고 말씀하고 있다. 우리가 영원한 생명을 받는 비결은 우리의 지혜, 수완, 힘과 능력에 달린 것이 아니라 하나님의 아들을 보고 그 아들을 믿어야 하는 것이다. 예수를 믿으면 우리에게 하나님은 영생을 주신다. 그래서 하나님은 그의 아들을 이 세상에 보내 주신 것이다. 누구든지 예수님을 나의 구주로 영접하고 믿으면 하나님의 자녀가 된다. 영생의 삶을 살게 되는 것이다.

생각해 봅시다

예수님은 굶주리고 배고픈 인생을 살아가는 사람들에게 생명을 주시는 생명의 떡이시다. 광야에서 이스라엘 백성들을 먹이신 것처럼 예수님께 나오면 예수님은 우리를 먹이시고, 목마르지 않게 하신다. 예수님께 나오면 영생을 주시고, 영원한 기쁨과 행복을 선물로 주신다. 날마다 예수님의 말씀을 읽고 묵상하며 예수님으로 배부른 삶을 살아가자.

3장

세상의 빛이신 예수님

15일째 묵상
사람을 외모로 판단하지 말자

오늘의 말씀 / 요 7:14-24

예수님은 유대인들의 명절이 되면 예루살렘에 올라가셨다. 오늘 본문에도 보니 초막절이 되어 예수님은 예루살렘에 올라가서 가르치셨다. 사람들은 예수님의 가르침을 듣고 예수님이 "유명한 랍비의 제자도 아닌데 어떻게 저렇게 권세를 가지고 가르칠 수 있는가?" 놀라워했다. 오늘 본문을 통하여 우리에게 주시는 진리의 말씀은 무엇일까?

하나님의 교훈을 가르치라

(요 7:16) 예수께서 대답하여 이르시되 내 교훈은 내 것이 아니요 나를 보내신 이의 것이니라

오직 하나님을 경배하고 섬겨라. 예수님은 광야에서 시험을 받을 때 마귀가 와서 자신에게 경배하면 천하만국의 영광을 주겠다고 말할 때 단호하게 물리쳤다.

(마 4:10) 이에 예수께서 말씀하시되 사탄아 물러가라 기록되었으되 주 너의 하나님께 경배하고 다만 그를 섬기라 하였느니라

예수님의 관심사는 사탄이 주겠다고 하는 천하만국의 영광이 아니었다. 예수님은 오직 하나님을 경배하고 하나님을 섬기는 것에 관심이 있었다. 우리도 하나님을 경배하고, 하나님의 음성에 귀를 기울이고, 하나님의 말씀과 뜻을 따라서 복음을 전해야 한다.

소금과 빛의 삶을 살라. 예수님은 우리가 하나님을 섬기고 경배할 뿐만 아니라, 우리 주변의 사람들과의 관계도 강조하셨다.

(마 5:13) 너희는 세상의 소금이니 소금이 만일 그 맛을 잃으면 무엇으로 짜게 하리요 후에는 아무 쓸데없어 다만 밖에 버려져 사람에게 밟힐 뿐이니라

우리는 세상의 소금과 같이 맛을 내는 삶을 살아야 한다. 소금이 짠맛이 없으면 아무 소용이 없는 것처럼, 크리스찬이 크리스찬다운 맛이 없으면 아무런 소용이 없다. 크리스찬답게 하나님을 사랑하고, 이웃을 내 몸처럼 사랑하며 살아야 한다.

우리는 세상에 빛을 비추며 살아야 한다

(마 5:16) 이같이 너희 빛이 사람 앞에 비치게 하여 그들로 너희 착한 행
실을 보고 하늘에 계신 너희 아버지께 영광을 돌리게 하라

빛은 어둠을 밝혀 사물을 환하게 볼 수 있도록 도와준다. 우
리가 빛을 비추려면 우리 안에 빛이 있어야 한다. 예수 그리스
도의 빛이 우리 안에 충만해야 한다. 예수님의 말씀을 매일 읽
고 묵상하고 기도하여 우리 안에 말씀의 빛으로 충만하게 하자.
그래서 우리 주변의 사람들에게 사랑의 빛을 비추어 모든 사람
들이 그 빛을 보고 하나님께 영광을 돌리게 해야 한다.

하나님의 영광을 구하며 살라

(요 7:18) 스스로 말하는 자는 자기 영광만 구하되 보내신 이의 영광을 구
하는 자는 참되니 그 속에 불의가 없느니라

내 생각을 가르치지 말자. 오늘 본문에 보면 '스스로 말하는

자는'이라는 말씀이 있다. 우리는 사람들에게 복음을 전할 때 내가 무엇을 전하고 있는지를 생각해 보아야 한다. 나 자신의 생각과 논리를 가르치지 말아야 한다. 예수님은 자신의 생각과 논리를 가르치지 않았다. 예수님은 하나님이 원하시고, 하나님이 뜻하시는 것이 무엇인지 알고 계셨고, 하나님의 말씀을 가르치셨다.

> (요 6:38) 내가 하늘에서 내려온 것은 내 뜻을 행하려 함이 아니요 나를 보내신 이의 뜻을 행하려 함이니라

예수님이 이 세상에 오신 것은 예수님의 뜻을 행하려는 것이 아니었다. 예수님은 하나님의 뜻을 늘 분별하고, 하나님의 뜻을 행하는 것에 관심이 있었다. 우리도 내 뜻을 전하지 말고, 하나님의 뜻을 전하며 살아야 한다.

하나님의 나라와 의를 구하라. 예수님은 자신의 교훈을 가르치지 않고 하나님의 나라와 의를 구하는 것에 관심이 있었다. 우리가 하나님의 나라와 의를 구할 때 모든 것을 우리에게 더해 주신다.

> (마 6:33) 그런즉 너희는 먼저 그의 나라와 그의 의를 구하라 그리하면 이 모든 것을 너희에게 더하시리라

우리는 무엇을 하든지 하나님의 영광을 위해서 살아야 한다.

(고전 10:31) 그런즉 너희가 먹든지 마시든지 무엇을 하든지 다 하나님의 영광을 위하여 하라

우리는 나 중심의 삶이 아니라, 하나님 중심, 하나님의 영광을 구하며 사는 삶을 살아야 한다.

사람을 외모로 판단하지 말라

(요 7:24) 외모로 판단하지 말고 공의롭게 판단하라 하시니라

사람들은 흔히 외모로 사람을 판단한다. 이스라엘 백성들은 예수님의 외모를 보고 판단했다. 예수님의 가문, 학력, 배경과 같은 것을 볼 때 예수님은 메시아가 될 수 없다고 생각했다. 하나님은 우리에게 외모로 사람을 판단하지 말라고 말씀하셨다.

(신 10:17) 너희의 하나님 여호와는 신 가운데 신이시며 주 가운데 주시요 크고 능하시며 두려우신 하나님이시라 사람을 외모로 보지 아니하시며 뇌물을 받지 아니하시고

베드로도 하나님이 우리의 외모를 보지 않으시고, 우리의 행위대로 심판을 하신다고 말했다.

(벧전 1:17) 외모로 보시지 않고 각 사람의 행위대로 심판하시는 이를 너희가 아버지라 부른즉 너희가 나그네로 있을 때를 두려움으로 지내라

그러므로 우리도 사람을 외모로 판단하지 말아야 한다. 공의롭게 판단하라. 하나님은 이스라엘 백성들이 재판을 할 때 편견을 가지고 판단을 하지 말라고 하셨다.

(레 19:15) 너희는 재판할 때에 불의를 행하지 말며 가난한 자의 편을 들지 말며 세력 있는 자라고 두둔하지 말고 공의로 사람을 재판할지며

어떤 재판관은 가난한 사람을 불쌍히 여겨서 가난한 사람의 편을 들 수도 있다. 반대로 어떤 사람은 지위가 있는 사람이라고 그 사람의 편을 들 수도 있다. 그러나 예수님은 그러지 말라는 것이다. 오로지 정의롭게 재판을 해야 한다는 것이다. 사람들에게 편견을 가지지 말고, 정의에 근거해서 사람들을 대해야 한다.

회복

생각해 봅시다 ···

예수님의 가르침은 놀랍고 새로운 것이었다. 예수님은 자신의 생각을 가르치려고 하지 않으시고, 하나님의 뜻이 무엇인지를 분별하며 가르치셨다. 예수님은 자신의 영광을 구하지 않고, 오로지 하나님의 영광을 구하며 가르치셨다. 예수님은 사람을 외모로 판단하지 않으시고, 공의로 대하셨다. 이와 같이 우리도 하나님의 뜻을 가르치고, 하나님의 영광을 위해서 살며, 사람을 외모로 판단하지 말고 누구든지 공의로 대하며 살아가자.

모든 것에는 때가 있다

오늘의 말씀 / 요 7:28-39

예수를 믿는다고 문제가 없고 어려움이 없는 것이 아니다. 예수 믿는 사람도 삶 가운데 어려움이 있고 문제가 있지만, 그 가운데 하나님을 의지하고 기도할 때 하나님께서 길을 열어 주시고 응답해 주셔서 광야와 같은 인생에서도 승리의 삶을 살아갈 수 있는 것이다. 오늘 본문의 말씀을 통하여 우리에게 주시는 하나님의 은혜는 무엇인가?

하나님은 예수님을 이 세상에 보내셨다

(요 7:28) 예수께서 성전에서 가르치시며 외쳐 이르시되 너희가 나를 알고 내가 어디서 온 것도 알거니와 내가 스스로 온 것이 아니니라 나를 보내신 이는 참되시니 너희는 그를 알지 못하나

예수님은 이 세상에 스스로 오신 것이 아니라, 하나님의 계획대로 오신 것이다.

하나님은 참되시다. 온 세상을 구원하실 계획을 세우시고, 그아들 예수님을 이 세상에 보내신 하나님은 참되시다.

(신 32:4) 그는 반석이시니 그가 하신 일이 완전하고 그의 모든 길이 정의롭고 진실하고 거짓이 없으신 하나님이시니 공의로우시고 바르시도다

하나님은 완전하시다. 하나님은 정의롭다. 하나님은 진실하고 거짓이 없으시다. 하나님은 참되시고 거짓이 없으시기 때문에 하나님이 약속하신 모든 것은 이루어진다.

하나님은 계획하시고, 그 계획을 반드시 이루신다. 아담과 하와의 범죄로 고통 가운데 살아가는 인간을 건지시기 위해서 하나님은 계획을 세우셨다.

(창 3:15) 내가 너로 여자와 원수가 되게 하고 네 후손도 여자의 후손과 원수가 되게 하리니 여자의 후손은 네 머리를 상하게 할 것이요 너는 그의 발꿈치를 상하게 할 것이니라 하시고

하나님은 아담과 하와가 에덴동산에서 쫓겨나기 전에 아담과 하와와 뱀을 앞에 두고 말씀하셨다. 이 본문에서 여자는 동정녀 마리아를 말하고, 여자의 후손은 예수님이다. 뱀은 사탄을 의미한다. 하나님은 그 계획대로 동정녀 마리아를 통해서 그 아들 예수님을 이 세상에 보내셨고, 예수님을 통하여 마귀의 권세를 깨뜨리시고, 우리에게 구원의 길을 열어 주실 것을 예언하신 것이다. 이 땅에 예수님을 보내신 하나님은 사랑의 아버지이시다. 오늘도 하나님은 그의 사랑으로 우리를 구원의 길로 인도하신다.

모든 것에는 때가 있다

하나님은 세상 만물에 때를 주셨다.

(전 3:1-3) [1] 범사에 기한이 있고 천하만사가 다 때가 있나니 [2] 날 때가 있고 죽을 때가 있으며 심을 때가 있고 심은 것을 뽑을 때가 있으며 [3] 죽일 때가 있고 치료할 때가 있으며 헐 때가 있고 세울 때가 있으며

봄이 되면 꽃이 핀다. 여름이면 열매를 맺고, 가을이면 추수를 하고, 겨울이면 쉰다. 모든 것은 때를 따라서 움직인다. 이것이 인생이다. 사람에게는 소년의 때가 있고, 청년의 때가 있고, 중년의 때가 있고, 노년의 때가 있다. 하나님은 모든 것에 때를 정하시고 때를 따라서 일하신다.

하나님의 때가 되어 예수님이 이 세상에 오셨다

(요 7:30) 그들이 예수를 잡고자 하나 손을 대는 자가 없으니 이는 그의 때가 아직 이르지 아니하였음이러라

모든 사람들은 이 세상에 살려고 태어난다. 그러나 예수님은 이 땅에 죽으러 오셨다. 십자가를 짊어지시고 우리의 죄를 대속 하시고 죽으러 오신 것이다.

(요 7:33) 예수께서 이르시되 내가 너희와 함께 조금 더 있다가 나를 보내 신 이에게로 돌아가겠노라

예수님은 하나님의 때를 통하여 일하시고, 때가 되면 예수님 은 십자가에서 돌아가시고 부활하실 것이다. 예수님의 십자가 의 죽음은 죽음으로 끝나는 것이 아니다. 하나님은 예수님의 부활 사건을 통하여 사망 권세를 깨뜨리고 참된 승리를 보여 주셨다.

(고전 15:55) 사망아 너의 승리가 어디 있느냐 사망아 네가 쏘는 것이 어 디 있느냐

예수님은 죽음을 이기시고 부활하심으로 부활의 첫 열매가

되셨다.

예수님께 나가면 목마름을 해결해 주신다

사람들에게는 누구든지 목마름의 문제가 있다.

(요 7:37) 명절 끝날 곧 큰 날에 예수께서 서서 외쳐 이르시되 누구든지 목마르거든 내게로 와서 마시라

우리는 가정의 문제로, 자녀의 문제로, 물질의 문제로, 건강의 문제로 목마르다. 사람들은 누구에게나 목마름의 문제가 있다. 예수님은 그 사람이 누구든지, 돈이 많은 사람이든지, 아니든지, 많이 배운 사람이든지, 아니든지, 젊은 사람이든지, 아니든지, 누구든지 목마른 사람은 예수님께 나오라는 것이다. 예수님께 나아오는 모든 사람에게 예수님은 목마름을 해결해 주신다.

예수님께서 주시는 생수를 마시자. 예수님께 나가면 예수님은 우리에게 생수를 주셔서, 우리의 목마름의 문제를 해결해 주신다.

(계 21:6) 또 내게 말씀하시되 이루었도다 나는 알파와 오메가요 처음과

마지막이라 내가 생명수 샘물을 목마른 자에게 값없이 주리니

예수님은 목마른 자에게 값없이 생명수를 주셔서, 목마르지 않게 하신다.

예수를 믿으면 성령을 넘치게 주신다

(요 7:38) 나를 믿는 자는 성경에 이름과 같이 그 배에서 생수의 강이 흘러나오리라 하시니

예수를 믿으면 그 배에서 생수의 강이 흘러나온다. 여기서 생수는 성령의 임재를 말한다.

생각해 봅시다 ···

예수님은 하나님의 보내심을 받아 이 세상에 오셨다. 예수님은 때가 되어 십자가를 지시고 죽으셨다가 사흘 만에 부활하셨다. 우리는 어떤 문제가 있든지 예수님께 그 문제를 가지고 나가면, 예수님은 우리의 모든 문제를 해결해 주시고, 우리의 목마름을 해결해 주신다. 성령으로 생수의 강이 넘치게 하시고, 우리를 인도해 주신다. 오늘 우리는 어떤 무거운 짐이 있든 지 모든 짐을 예수님께 맡기자. 예수님은 오늘도 우리의 문제를 해결해 주신다.

세상에 죄 없는 자가 있을까?

오늘의 말씀 / 요 8:2-11

예수님을 고소할 근거를 찾고 있던 유대인들은 간음을 한 여인이 간음의 현장에서 잡혔다는 이야기를 듣고 예수를 올무에 넣을 수 있는 절호의 기회가 왔다고 생각했다. 그들은 그 여인을 예수님 앞으로 끌고 와서 "모세의 율법은 이런 여자를 돌로 쳐 죽이라고 하는데 선생은 어떻게 하겠는가?" 하고 물었다. 돌로 쳐 죽이라고 하면 사랑이 없다고 비난할 것이고, 죽이지 말라고 하면 율법을 어겼다고 할 것이기 때문이다. 오늘 본문을 통하여 예수님께서 우리에게 주시는 교훈은 무엇일까?

하나님은 우리에게 복을 주시려고 율법을 주셨다

하나님이 우리에게 율법을 주신 이유는 우리가 율법을 지켜 하나님이 예비하신 복을 받게 하시기 위함이다. 오늘 본문에 보면 서기관과 바리새인들은 모세의 율법에 정통해 있는 사람들이었다. 그들은 모세오경인 창세기부터 신명기까지 성경을 암송한다. 그들은 누구보다 율법에 있어서 전문가이다. 그러나 그들은 율법에 대해서 잘못 생각하고 있었다. 율법은 무조건 사람들을 정죄하고, 형벌을 주고, 죽이기 위해서 존재하는 것이라고 생각했다. 예수님은 사람들이 율법에 대하여 가지고 있는 잘못된 생각을 고쳐 주시기를 원하셨다.

율법은 하나님을 사랑하라고 말한다

(신 6:4-5) [4] 이스라엘아 들으라 우리 하나님 여호와는 오직 유일한 여호와이시니 [5] 너는 마음을 다하고 뜻을 다하고 힘을 다하여 네 하나님 여호와를 사랑하라

하나님을 사랑할 때 하나님이 예비하신 복을 받게 된다. 자신도 모르게 우상을 섬기고 인본주의로 살다 보면, 하나님이 예비하신 복을 받지 못하게 된다. 그래서 하나님은 율법을 통해서 하나님을 예배하고 하나님을 사랑하라고 명령하셨다.

율법은 이웃을 사랑하라고 말한다

(롬 13:10) 사랑은 이웃에게 악을 행하지 아니하나니 그러므로 사랑은 율법의 완성이니라

우리가 하나님을 사랑하고 그 말씀에 순종하며, 이웃을 사랑하고 살아갈 때 하나님은 우리에게 복을 주신다. 오늘 우리도 하나님의 말씀에 순종하여 복된 삶을 살아가자.

세상에 죄 없는 사람은 없다

아담과 하와로 인하여 죄가 시작되었다. 아담과 하와는 하나님의 말씀에 순종하지 않고, 불순종함으로 죄를 짓고, 그들의 삶에 저주가 다가오게 된 것이다.

(롬 5:12) 그러므로 한 사람으로 말미암아 죄가 세상에 들어오고 죄로 말미암아 사망이 들어왔나니 이와 같이 모든 사람이 죄를 지었으므로 사망이 모든 사람에게 이르렀느니라

다른 사람보다 나의 죄를 먼저 생각해 보자. 바리새인들과 서기관들은 자신들도 죄인이라는 생각은 하지 않고, 간음의 현장

에서 잡힌 여자만 죄인이라고 생각하고, 그 여인을 정죄하고 예수님을 올무에 빠뜨리려고 한 것이다.

(요 8:5) 모세는 율법에 이러한 여자를 돌로 치라 명하였거니와 선생은 어떻게 말하겠나이까

서기관과 바리새인들은 예수님이 두 가지 중의 하나의 결정을 하리라고 생각했다. 율법을 따라서 여인을 돌로 치라고 하는 것이다. 그렇게 되면 예수님이 율법은 지키는 것이지만, 죄인을 향한 사랑은 없는 사람이라고 소문을 퍼뜨릴 것이다. 다른 결정은, 여인을 불쌍히 여겨서 여인을 돌로 치지 말라고 하는 것이다. 그렇게 되면 예수님은 율법을 어기게 된다. 그렇게 되면 서기관과 바리새인들은 예수님이 율법을 어겼다고 소문을 퍼뜨릴 것이었다.

(요 8:6) 그들이 이렇게 말함은 고발할 조건을 얻고자 하여 예수를 시험함이러라 예수께서 몸을 굽히사 손가락으로 땅에 쓰시니

서기관과 바리새인들이 그 여인에 대하여 예수님께 고발할 때, 예수님은 답을 하는 대신에 몸을 굽히사 손가락으로 땅에 무엇인가를 쓰셨다. 예수님은 그들이 이야기하고 있는 것이 무엇이 잘못되었는지 그들에게 생각할 시간을 주고 계신 것이었다.

그러나 그들은 자신들의 잘못을 깨닫지 못하고 계속해서 예수님께 답을 달라고 종용했다.

죄 없는 사람이 먼저 돌로 치라

(요 8:7) 그들이 묻기를 마지 아니하는지라 이에 일어나 이르시되 너희 중에 죄 없는 자가 먼저 돌로 치라 하시고

계속해서 답을 달라는 사람들에게 예수님은 죄 없는 사람이 먼저 돌로 치라고 말씀하셨다. 예상 밖의 답을 듣고 사람들은 충격을 받았다. "죄 없는 자가 먼저 돌로 치라"라는 말씀을 듣자마자 자신의 죄가 떠올랐을 것이다. 그들의 마음에 양심에 가책이 생기고, 부끄러워졌을 것이다. 예수님이 그런 말씀을 하실 줄은 몰랐다.

(요 8:9) 그들이 이 말씀을 듣고 양심에 가책을 느껴 어른으로 시작하여 젊은이까지 하나씩 하나씩 나가고 오직 예수와 그 가운데 섰는 여자만 남았더라

그들은 예수님이 마치 불꽃 같은 눈으로 그들의 죄를 다 들여다보고 있는 것처럼 생각되었을 것이다. 그들은 자신들이 현장

에서 잡히지만 않았지 인생을 살아오면서 자신만 알고 있는 수
많은 죄가 있음을 떠올렸을 것이다. 그래서 결국 그들은 모두
돌을 땅바닥에 떨어뜨리고 힘없이 돌아섰다. 오늘 우리 중에도
죄 없는 사람이 있는가? 그래서 우리는 사람들을 정죄해서는 안
된다. 나도 죄인인데 누구를 정죄한단 말인가? 우리도 이웃을
정죄하지 말고 살아가자.

죄를 용서하고 죄를 범하지 않도록 결단하라

예수님은 모든 사람이 사라진 후에 여인에게 물으셨다.

(요 8:10-11) [10] 예수께서 일어나사 여자 외에 아무도 없는 것을 보시고
이르시되 여자여 너를 고발하던 그들이 어디 있느냐 너를 정죄한 자가 없
느냐 [11] 대답하되 주여 없나이다 예수께서 이르시되 나도 너를 정죄하
지 아니하노니 가서 다시는 죄를 범하지 말라 하시니라

예수님은 여인을 고발하던 사람들이 다 사라진 후, 여인에게
예수님도 여인의 죄를 정죄하지 않는다고 말씀하셨다. 예수님
은 죄인을 불쌍히 여기시고, 죄인을 용서해 주셨지만, 무조건 죄
를 용납하신 것은 아니다. 예수님은 그 여인에게 다시는 죄를
범하지 말라고 말씀하셨다. 사람은 살다가 보면 실수할 때가 있

다. 죄와 허물이 있을 수 있다. 그러나 결단해야 한다. 그 죄에
다시 빠지지 않으려고 노력해야 한다.

생각해 봅시다 ....

간음의 현장에서 잡힌 여인을 용서하시면서 예수님은 그 여인에게 다시 한
번 기회를 주셨다. 그 여인이 죄를 회개하고 다시는 그런 삶에 빠져 살지
않도록 기회를 주셨다. 오늘도 예수님은 우리에게 기회를 주신다. 우리도
죄에서 벗어나 거룩한 삶을 살고, 이웃을 정죄하지 말고 사랑을 베풀며 살
아가자. 나에게는 엄격하게 하고, 다른 사람에게는 관대한 삶을 살아가자.

18일째 묵상
자유를 주시는 예수님

오늘의 말씀 / 요 8:31-42

아담과 하와의 범죄 이래로 인류는 죄의 종이 되어 가난과 저주, 질병과 절망 속에서 살아가고 있었다. 그러나 하나님은 인류를 사랑하셔서 그의 아들 예수님을 이 세상에 보내셔서 우리를 위하여 십자가에서 죽으시고 부활하게 하심으로 우리가 죄의 종에서 벗어나 참된 자유 가운데 살 수 있는 새로운 길을 열어 주셨다. 오늘 본문의 말씀을 통해서 우리에게 주시는 교훈은 무엇일까?

진리를 알아야 한다

사탄은 사람들을 속이고 있다. "돈만 많으면 행복해질 수 있다. 우상을 섬기면 우상이 복을 준다. 수단과 방법을 가리지 말고, 사람들을 속여서라도 성공해야 한다"라고 가르친다. 그러나 그것은 거짓이다. 성경은 하나님이 세상을 창조하셨으며, 우리를 구원하기 위하여 십자가에서 죽으시고 부활하신 하나님의 아들 예수님을 믿으면 우리의 모든 죄에서 사함을 받고, 구원을 받고, 영생을 얻게 된다고 말한다.

진리는 예수님으로부터 온 것이다

(요 1:17) 율법은 모세로 말미암아 주어진 것이요 은혜와 진리는 예수 그리스도로 말미암아 온 것이라

모세는 하나님으로부터 율법을 받았다. 그러나 우리에게 은혜와 진리를 전해 주시기 위해서 예수님이 이 세상에 오셨다.

예수님이 진리이시다

(요 14:6) 예수께서 이르시되 내가 곧 길이요 진리요 생명이니 나로 말미암지 않고는 아버지께로 올 자가 없느니라

예수님은 진리를 말씀하셨을 뿐만 아니라, 자신이 진리라고

말씀하셨다. 진리이신 예수님을 떠나서는 우리는 아버지께로 나아갈 수가 없다. 하늘나라로 가는 유일한 길은 예수 그리스도 이다. 진리이신 예수님을 믿고, 예수님을 따라서 살아갈 때 우리는 진리 가운데 살아갈 수 있게 되는 것이다.

진리를 알 때 자유롭게 된다

(요 8:32) 진리를 알지니 진리가 너희를 자유롭게 하리라

사람들은 진리를 알기 전에는 두려움 속에서 살았다. 진리를 알지 못하고 무지함 속에서 살아갈 때 사람들은 불안 속에서 산다. 한 치 앞을 볼 수 없는 안개 속을 걸어가는 삶을 산다.

진리를 알 때 죄에서 자유롭게 되고 구원을 받는다. 아담과 하와는 선악과를 먹음으로써 죄악 가운데 처하게 되었다. 아담과 하와가 선악과를 먹고 인류는 죄악 가운데 빠져 결국은 사망을 당할 수밖에 없는 존재가 되었다.

(롬 6:23) 죄의 삯은 사망이요 하나님의 은사는 그리스도 예수 우리 주 안에 있는 영생이니라

예수님의 은혜로 우리는 구원을 받고 영생을 얻게 되었다. 예수님은 우리를 자유롭게 하셨다.

(요 8:36) 그러므로 아들이 너희를 자유롭게 하면 너희가 참으로 자유로 우리라

예수님은 우리를 위해서 자신의 몸을 주시고 십자가에 죽으심으로 우리에게 참된 자유를 주셨다.

진리를 알 때 가난과 저주에서 자유롭게 되고 부요하게 된다.

(고후 8:9) 우리 주 예수 그리스도의 은혜를 너희가 알거니와 부요하신 이로서 너희를 위하여 가난하게 되심은 그의 가난함으로 말미암아 너희를 부요하게 하려 하심이라

예수님은 가난하게 사셨다. 그러나 예수님은 그의 가난함으로 인하여 우리를 부요하게 하셨다. 이제 우리는 아브라함의 복을 받은 사람이 되었다. 우리는 왕 같은 하나님의 자녀요, 가난한 자가 아님을 선포해야 한다.

진리를 알 때 질병에서 자유롭게 되고 건강하게 된다.

(벧전 2:24) 친히 나무에 달려 그 몸으로 우리 죄를 담당하셨으니 이는 우리로 죄에 대하여 죽고 의에 대하여 살게 하려 하심이라 그가 채찍에 맞음으로 너희는 나음을 얻었나니

예수님은 십자가를 지시기 전에 채찍에 맞으셨다. 이사야는 그것을 예언하였다. 오늘 우리도 어떤 질병이 있든지 예수님께 나아가며, 예수님이 채찍에 맞으므로 우리는 이미 나았음을 선포해야 한다.

진리를 알 때 영원한 천국의 소망을 갖게 하신다.

(요 14:1-2) [1] 너희는 마음에 근심하지 말라 하나님을 믿으니 또 나를 믿으라 [2] 내 아버지 집에 거할 곳이 많도다 그렇지 않으면 너희에게 일렀으리라 내가 너희를 위하여 거처를 예비하러 가노니

예수님은 아버지 집에 거할 곳이 많다고 말씀하시고 우리의 거처를 예비하신다고 말씀하셨다. 우리에게는 저 천국에 나의 처소가 있는 것을 알아야 한다.

예수님은 하나님 아버지가 가르쳐 주신 진리를 가르쳐 주신다.

(요 8:38) 나는 내 아버지에게서 본 것을 말하고 너희는 너희 아비에게서

들은 것을 행하느니라

예수님은 자신의 생각과 교훈을 가르쳐 주신 적이 없다. 예수님은 늘 하나님의 말씀에 집중하셨다. 오늘 우리도 내 생각과 내 뜻을 중심으로 살지 말고, 하나님의 말씀과 뜻을 따라서 살아야 한다.

예수님은 하나님 아버지로부터 보냄을 받았다.

(요 8:42) 예수께서 이르시되 하나님이 너희 아버지였으면 너희가 나를 사랑하였으리니 이는 내가 하나님께로부터 나와서 왔음이라 나는 스스로 온 것이 아니요 아버지께서 나를 보내신 것이니라

예수님은 하나님의 말씀에 순종했다. 오늘 우리도 하나님의 말씀에 순종해야 한다. 하나님이 가라고 할 때 가야 한다.

어떤 사람들은 마귀에게 속아 예수님을 반대한다.

(요 8:44) 너희는 너희 아비 마귀에게서 났으니 너희 아비의 욕심대로 너희도 행하고자 하느니라 그는 처음부터 살인한 자요 진리가 그 속에 없으므로 진리에 서지 못하고 거짓을 말할 때마다 제 것으로 말하나니 이는 그가 거짓말쟁이요 거짓의 아비가 되었음이라

회복

예수님은 예수님의 말씀에 귀를 기울이지 않는 종교인들에게 그들이 마귀에게서 태어났다고 말씀하셨다. 당시의 종교지도자들은 예수님의 말씀에 귀 기울이지 않고, 그들은 마귀가 주는 말에 귀 기울였다. 우리는 진리이신 예수님의 말씀에 귀 기울이고, 마귀를 대적해야 한다.

생각해 봅시다

예수님이 이 세상에 오신 것은 죄의 종으로 살아가는 인류에게 참된 자유를 주시기 위해서이다. 예수님은 누구든지 예수를 믿으면 하나님의 자녀가 되고 영생을 얻는다는 진리를 우리에게 알려 주셨다. 우리를 사랑하셔서, 우리를 위하여 십자가에서 고난받으시고 죽으셨다가 부활하신 예수님 안에서 살아가자. 예수님의 진리의 말씀에 매일 귀를 기울이고, 예수님을 닮아가는 제자의 삶을 살아가자.

19일째 묵상
세상의 빛이신 예수님

오늘의 말씀 / 요 9:1-12

어느 날 예수님께서 길을 가실 때 날 때부터 맹인 된 사람을 보게 되었다. 제자들은 이 사람이 맹인으로 태어난 것이 누구의 죄로 인함이냐고 물었다. 당시의 사람들은 장애를 가지고 태어나는 것은 그 부모나 자신의 죄로 인하여 그렇게 태어난다고 생각했기 때문이다. 그러나 예수님은 그 사람이나 그 부모의 죄로 인해서 그 사람이 맹인이 된 것이 아니라고 말씀하셨다. 오늘 본문을 통해서 우리에게 주시는 말씀은 무엇일까?

사람들에게는 누구에게나 고난이 있다

자신이나 부모의 죄로 인하여 장애를 가지고 태어나는 것은 아니다.

(요 9:3상) 예수께서 대답하시되 이 사람이나 그 부모의 죄로 인한 것이
아니라

당시에 장애를 가진 자녀가 있는 부모는 은연중에 자신들이
죄인이어서 자녀가 장애를 가지고 태어났다는 생각을 가지고
있었다. 자신들의 죄로 인하여 자녀가 장애를 가지고 태어났다
고 죄책감 속에서 살아가는 것이다. 그러나 예수님은 사람이 장
애를 가지고 태어난 것은 부모의 죄도 자녀의 죄도 아니라고 말
씀하셨다.

하나님은 우리에게 계획을 가지고 계신다

(요 9:3하) 그에게서 하나님이 하시는 일을 나타내고자 하심이라

하나님은 모든 사람에게 뜻을 가지고 계신다. 사람들이 태어
날 때 어떤 모습을 가지고 태어났든지, 장애가 있든지 없든지,
누구를 막론하고 하나님은 그들을 통하여 하나님의 계획을 이
루기를 원하신다. 그래서 우리가 어떤 모습으로 태어났든지 하
나님은 우리의 있는 모습 그대로 하나님의 일을 나타내시고자
하시는 것을 알아야 한다. 우리가 가진 외모나 우리가 가진 약
한 부분에 휘둘리지 말고, 오직 나를 통하여 하나님이 영광을 나

타내실 것이라는 것을 믿어야 한다.

고난이 다가올 때 절망하지 말라

(렘 29:11) 여호와의 말씀이니라 너희를 향한 나의 생각을 내가 아나니
평안이요 재앙이 아니니라 너희에게 미래와 희망을 주는 것이니라

닉 부이치치라는 사람은 태어나면서부터 팔다리가 없이
태어난 사람이다. 그는 여러 권의 책을 썼는데, 그중 하나인
『Limitless』라는 책은 '한계가 없는'이란 뜻인데, 한국에서는 '삶
은 여전히 아름답다'로 번역되었다. 그 책의 서문에서 닉 부이치
치는 이렇게 말했다.

"세월이 흐르면서 하나님이 나를 벌주시기 위해 팔다리 없이
세상에 보낸 게 아님을 깨달았다. 주님께는 뜻이 있었다. 수많
은 이들에게 도전을 주어서 그리스도를 믿도록 이끄는 일로 하
나님을 섬기게 하려는 놀라운 계획이었다"라고 그는 말한다.

그는 자신의 장애를 극복하고, 오히려 장애와 고난 가운데 있
는 사람들에게 힘을 주고 용기를 준다. 사람들에게는 누구나 고
난이 있고 문제가 있다. 그러나 어떤 고난이 있더라도 절망하지
말아야 한다. 하나님이 우리에게 계획을 가지고 있음을 알자.
그 환경에서 최선을 다하여 하나님을 의지하고 살자. 하나님께

서는 우리의 인생에 기적을 선물로 주신다.

밤이 오기 전에 하나님의 일을 하자

낮은 일할 때이다.

(요 9:4) 때가 아직 낮이매 나를 보내신 이의 일을 우리가 하여야 하리라 밤이 오리니 그때는 아무도 일할 수 없느니라

예수님은 지금은 낮이니 밤이 오기 전에 일을 해야 한다고 말씀하셨다. 우리에게 예배할 수 있는 기회가 있을 때, 우리에게 전도할 수 있는 기회가 있을 때, 우리가 하나님을 찬양할 수 있는 기회가 있을 때, 우리가 주변의 어려운 사람들을 도울 수 있는 기회가 있을 때 일해야 한다.

(살전 5:5) 너희는 다 빛의 아들이요 낮의 아들이라 우리가 밤이나 어둠에 속하지 아니하나니

우리는 빛에 속한 빛의 자녀들이다. 밤에 속한 사람들이 아니라는 것을 잊지 말아야 한다. 우리에게 주어진 오늘이라는 이 시간을 허비하지 말자. 낮에 속한 사람으로서 하나님의 영광을 위해서 살아가자.

예수님을 믿는 것이 하나님의 일을 하는 것이다

(요 6:29) 예수께서 대답하여 이르시되 하나님께서 보내신 이를 믿는 것
이 하나님의 일이니라 하시니

우리는 하나님의 일을 하는 것에 대하여 장황하게 생각할 수
있다. 그러나 예수님은 하나님의 일은 제일 먼저, 하나님께서
보내신 예수님을 믿는 것이라고 말씀하셨다. 우리는 예수님을
믿고, 예수님을 의지하고 살아야 한다. 그리고 우리가 믿는 예
수님을 우리 주변의 사람들에게 전해야 한다.

일할 수 없는 밤이 온다는 것을 기억하자. 교회의 역사를 보
면, 수많은 핍박과 환란이 교회 역사에 있었다. 낮이 지나면 밤
이 온다. 우리의 삶에도 예수님을 제대로 섬길 수 없는 그런 밤
이 찾아온다는 것을 기억하자. 우리도 코로나19로 인해서 모이
기가 어렵고, 예배를 드리기가 어려운 시기를 지났다. 정부에서
는 예배 위원들만 교회에서 예배 드리고 다른 성도들은 온라인
으로 각자의 집에서 예배 드리라고 했다. 이런 때가 오리라고
누가 상상이나 했나? 이처럼 우리의 삶에 예상치 않은 밤이 올

수 있다. 성경은 밤이 오기 전에 열심히 예수님을 믿고, 예수님 중심의 삶을 살라고 말한다. 우리는 늘 깨어 있어야 한다.

예수님은 세상의 빛이시다

하나님은 천지와 만물을 창조하실 때 어둠과 혼돈 가운데 있는 세상을 향해서 "빛이 있으라" 하시며 빛을 창조하셨다. 하나님은 어둠 속에 사는 사람들에게 빛을 비추어 주신다. 예수님도 이 세상에 오셔서 귀신 들리고, 병 들어 어둠 가운데 고통받는 수많은 사람들에게 오셔서 그들에게 빛을 비추어 주시고, 귀신을 쫓아내 주시고, 병을 고쳐 주셨다.

예수님의 말씀에 순종할 때 예수님은 빛을 주신다. 예수님은 맹인을 보시고 진흙을 이겨 눈에 발라 주시고, 실로암에 가서 씻으라고 말씀하셨다. 맹인은 예수님의 말씀에 순종하여 실로암에 가서 씻었을 때 그의 눈은 빛으로 충만했다. 그의 삶에는 어둠이 떠나고 빛이 비춘 것이다.

(요 9:7) 이르시되 실로암 못에 가서 씻으라 하시니 (실로암은 번역하면 보냄을 받았다는 뜻이라) 이에 가서 씻고 밝은 눈으로 왔더라

오늘도 우리가 예수님의 말씀에 순종하면 예수님은 우리에게 예비하신 치료의 빛을 비추어 주신다. 예수님은 닫힌 것을 열어 주신다. 예수님은 왜 길가에 있는 맹인의 눈을 뜨게 하셨을까?

맹인이 보지 못하고 살아가는 것을 불쌍히 여기셔서 그를 고쳐 주신 것이다. 유대인들 가운데 자신은 본다고 생각하지만, 예수님을 하나님의 아들로 보지 못하고 여전히 어둠 속에서 예수님을 비난하고 살아가는 영적인 맹인과 같은 사람들에게 영의 눈을 뜨라고 그들이 보는 앞에서 맹인의 눈을 뜨게 하신 것이다. 예수님은 오늘도 우리의 눈을 열어 주신다. 보지 못하는 세계를 보게 하시고, 어둠 속에 있는 사람들에게 빛을 비추어 주신다.

생각해 봅시다 ....

우리는 삶 가운데 예상치 못한 문제를 만난다. 때로는 사고를 당하기도 하고, 태어나면서부터 장애를 가지고 태어나기도 한다. 그러나 우리에게 어떤 어둠이 있어도, 예수님은 우리에게 빛을 비추어 주신다. 오늘 우리의 삶 속에 어떤 어둠이 있는가? 모든 염려와 걱정을 맡기고, 주님이 주시는 희망의 빛을 받아들이자. 하나님의 뜻을 기대하며 믿음으로 살아가자.

회복

선한 목자이신 예수님

오늘의 말씀 / 요 10:1-10

예수님이 사역할 당시에 이스라엘 백성들은 주로 목축업을 하고 살았기 때문에 목자와 양의 관계에 대하여 잘 알고 있었다. 목자는 목숨을 걸고 양들을 돌보고, 양들은 목자를 잘 따르면서 필요한 모든 것을 공급받게 된다. 다윗도 하나님을 자신의 목자라고 고백했다. 목자이신 하나님께서 자신을 푸른 풀밭과 쉴 만한 물가로 인도해 주신다는 것이다. 예수님은 선한 목자이시다. 예수님을 따라가면 예수님은 우리를 구원으로 인도해 주신다. 오늘 말씀을 통해서 우리에게 주시는 진리의 말씀은 무엇일까?

선한 목자이신 예수님은 양을 인도한다

예수님을 통해서 구원으로 들어갈 수 있다.

(요 10:1) 내가 진실로 진실로 너희에게 이르노니 문을 통하여 양의 우리
에 들어가지 아니하고 다른 데로 넘어가는 자는 절도며 강도요

예수님은 우리를 구원으로 인도하는 유일한 문이다. 우리가
예수님을 믿으면 우리가 하나님의 자녀가 되고, 죄 사함을 받고,
구원을 받게 되는 것이다. 우리는 예수님이 우리가 천국에 들어
가게 하는 유일한 문이라는 것을 늘 기억하고 살아야 한다.

(요 14:6) 예수께서 이르시되 내가 곧 길이요 진리요 생명이니 나로 말미
암지 않고는 아버지께로 올 자가 없느니라

예수님을 통하지 않고는 하나님께로 나아갈 수 있는 길이 없
다는 것을 늘 인식하고 살아야 한다. 그래서 오직 예수님을 통
하여 천국에 들어가게 된다.

양은 목자의 음성을 듣는다

(요 10:3) 문지기는 그를 위하여 문을 열고 양은 그의 음성을 듣나니 그가
자기 양의 이름을 각각 불러 인도하여 내느니라

양은 목자가 인도하는 대로 따라간다. 양이 목자를 따라가면

좋은 풀을 먹게 되고, 물을 마시게 되기 때문이다. 우리는 양으로서 우리의 목자 되시는 예수님의 음성에 귀를 기울이고, 예수님을 따라가야 한다. 오늘 우리도 예수님을 우리의 목자로 섬기고, 예수님의 음성에 귀를 기울이고 살아갈 때 예수님은 우리의 삶에 필요한 모든 것을 채워 주신다.

사무엘은 성전에 있다가 하나님의 음성을 들었다. 그는 처음에는 그 음성이 하나님의 음성인지 몰랐다. 하나님이 부르실 때 그 음성이 엘리 제사장의 목소리인 줄 알았다. 알고 보니 그 음성이 하나님의 음성이었다.

오늘 우리도 하나님의 음성에 귀를 기울여야 한다. 목자가 인도하는 대로 그 음성을 따라서 살아가자. 그 음성에 귀 기울이고 순종하고 살아가는 사람에게 하나님은 복을 주신다.

양은 목자를 따라간다

(요 10:4) 자기 양을 다 내놓은 후에 앞서 가면 양들이 그의 음성을 아는 고로 따라오되

오늘 우리가 주목할 부분은 양들은 목자를 따라간다는 것이

다. 오늘 우리는 누구를 따라가야 하나? 예수님을 따라가야 한다. 예수님은 우리의 문이다. 그 문을 따라서 들어가야 천국에 들어간다. 우리 모두 예수님의 음성에 귀를 기울이고, 예수님을 따라서 살아가자.

선한 목자는 풍성한 생명을 주신다

예수님보다 먼저 온 사람은 절도요 강도이다.

> (요 10:8) 나보다 먼저 온 자는 다 절도요 강도니 양들이 듣지 아니하였느니라

하나님은 이 세상에 메시아를 보내 주실 것이라고 말씀하셨다. 그래서 예수님이 오시기도 전에 이스라엘에는 자신이 구원자요, 자칭 메시아라고 말하는 사람들이 많이 있었다. 예수님은 그런 모든 사람들을 다 절도요, 강도라고 말씀하셨다. 그래서 양들이 그들의 말을 듣지 않았다고 말씀하셨다. 오늘 우리나라에도 보면 자신이 구원자요, 자신을 믿으면 천국에 간다고 이야기하는 사람들이 있다. 그런 사람들이 절도요, 강도라는 것을 잊지 말아야 한다. 예수님 외에는 다른 길이 없다. 구원이 없다. 우리는 오로지 예수님을 따라가야 한다. 자신이 구원자라고 하

는 사람은 절도요 강도다. 오직 예수님을 따라가자.

예수님을 통해서만 구원을 얻고, 양식을 얻는다.

(요 10:9) 내가 문이니 누구든지 나로 말미암아 들어가면 구원을 받고 또는 들어가며 나오며 꼴을 얻으리라

이스라엘 백성들이 광야에 있을 때 하나님은 하루이틀이 아니고 40년 동안이나 하늘에서 만나를 내려 주셨다. 오늘도 우리가 예수님을 의지하고 살아갈 때 예수님은 우리에게 필요한 모든 양식을 공급해 주신다.

예수님은 그를 따르는 양들에게 풍성한 생명을 주신다.

(요 10:10) 도둑이 오는 것은 도둑질하고 죽이고 멸망시키려는 것뿐이요 내가 온 것은 양으로 생명을 얻게 하고 더 풍성히 얻게 하려는 것이라

마귀는 겉으로는 그럴듯하게 사람들을 꾄다. 그러나 결국 그 마지막 순간에는 사람들에게 도둑질하고, 죽이고, 멸망시키려는 것이다. 아담과 하와는 뱀에게 속았다. 그들은 선악과를 먹으면 하나님처럼 지혜롭게 될 줄 알았다. 그러나 결국 그들은 뱀의 말을 들었다가 멸망하게 된 것이다. 뱀의 속임수에 넘어

간 것이다.

예수님은 누구든지 예수님을 믿으면 그들에게 생명을 주신다. 성경에 보면 예수님께 나와 생명을 얻게 된 사람들의 이야기가 많이 나온다. 예수님께 나와서 귀신이 떠나갔고, 병 고침을 받았으며, 풍성한 생명을 얻게 되었다. 누구든지 예수를 믿으면 그들은 멸망하지 않고, 영원한 생명을 얻게 된다.

선한 목자는 양을 위하여 목숨을 버린다

예수님은 양을 살리기 위하여 십자가를 지고 죽으셨다.

(요 10:11) 나는 선한 목자라 선한 목자는 양들을 위하여 목숨을 버리거니와

예수님은 선한 목자이셔서 양들을 살리려고 십자가에서 죽으셨다. 예수님은 죽어야 할 이유가 없었다. 죄 없으신 분이고, 하나님의 아들이다. 그런 분이 왜 죽어야 하나? 양들을 살리려고 목자이신 예수님이 양들 대신 십자가에서 죽으신 것이다.

회복

예수님은 양을 안다

(요 10:14) 나는 선한 목자라 나는 내 양을 알고 양도 나를 아는 것이

예수님은 우리의 모든 것을 아신다. 하나님은 우리가 태어나기 전부터 우리를 아신다. 어머니의 모태에서 생기기 전부터 알고 계셨다. 다윗은 하나님이 자신의 모든 것을 알고 계신다고 고백했다.

(시 139:1-3) [1] 여호와여 주께서 나를 살펴보셨으므로 나를 아시나이다 [2] 주께서 내가 앉고 일어섬을 아시고 멀리서도 나의 생각을 밝히 아시오며 [3] 나의 모든 길과 내가 눕는 것을 살펴보셨으므로 나의 모든 행위를 익히 아시오니

예수님은 오늘도 우리의 모든 것을 아신다. 우리의 연약함도 아시고, 우리의 문제도 아신다. 우리의 모든 것을 아시는 예수님께 우리의 인생의 무거운 짐을 모두 맡기자.

생각해 봅시다

예수님은 구원의 문이시고, 우리를 천국으로 인도하시는 선한 목자이시다.
선한 목자는 양들의 형편을 알고, 양들에게 필요한 것을 채워 주며, 양들을
인도한다. 예수님은 우리의 선한 목자로서 우리를 알고 계시고, 우리에게
필요한 모든 것을 채워 주시고 우리를 천국으로 인도하신다. 우리는 오직
선한 목자 되시는 예수님만 의지하고 예수님만 따라서 살아가자.

회복

21일째 묵상
하나님의 아들이신 예수님

오늘의 말씀 / 요 10:22-30

예수님은 수전절이 되어 예루살렘 성전에 올라가셨다. 예수님이 솔로몬 행각을 거닐고 있을 때 사람들이 다가와서 예수님이 그리스도이신지 말해 달라고 했다. 예수님은 이미 그들에게 자신이 그리스도이심을 말하였으나, 그들이 믿지 않았다고 말씀하시면서 그들이 믿지 않는 것은 그들이 예수님의 양이 아니기 때문이라고 말씀하셨다. 오늘 본문을 통해서 우리에게 주시는 말씀은 무엇일까?

예수님은 그리스도이시며, 하나님의 아들이시다

당시 유대인들이 예수님에게 가진 의혹은 과연 예수님이 그들이 기다리고 있는 그리스도이신가 하는 것이다. 그리스도는 헬라적 명칭이고, 메시아는 히브리적인 명칭이다. 그들을 구원하실 분이라는 의미이다. 그들은 그리스도가 오시면 자신들을 로마의 압제에서 자유케 하여 주시고, 평화의 날을 선물로 주실 것이라고 생각했다.

예수님은 하나님의 아들이시다.

> (요 10:25) 예수께서 대답하시되 내가 너희에게 말하였으되 믿지 아니하는도다 내가 내 아버지의 이름으로 행하는 일들이 나를 증거하는 것이거늘

예수님은 하나님을 자신의 아버지라고 고백했다. 예수님은 자신이 하고 있는 일들이 모두 하나님의 말씀대로 행하고 있는 것임을 증거했다. 그러나 당시의 유대인들은 예수님이 하나님의 아들이라는 말을 믿지 않았다. 그들은 자신들의 생각에 사로잡혀 있었다. 하나님에게 아들이 있을 리가 없고, 사람이 하나님의 아들일 리가 없다는 것이다. 게다가 예수님은 나사렛 출신의 가난한 사람이므로 그런 사람이 하나님의 아들일 수는 없다고 생각했다. 그래서 그들은 예수님을 그리스도로도, 하나님의 아들로도 믿지 않았다.

예수님의 모든 말과 행동을 통해서라도 예수님을 하나님의

아들로 믿어야 한다. 예수님은 이 땅에 오셔서 수많은 사람들에게서 귀신을 쫓아내 주시고, 병든 자를 고치고, 죽은 자를 살렸다. 그 모든 것이 예수님이 하나님의 아들이시며, 그리스도이심을 보여 주는 증거였다.

(요 14:11) 내가 아버지 안에 거하고 아버지께서 내 안에 계심을 믿으라 그렇지 못하겠거든 행하는 그 일로 말미암아 나를 믿으라

그러나 사람들은 예수님이 하나님의 아들이심을 믿을 수가 없었다.

예수님의 말씀에 귀를 기울이고 예수님을 따라가자

양은 목자의 목소리를 듣고 순종하며 따른다.

(요 10:27) 내 양은 내 음성을 들으며 나는 그들을 알며 그들은 나를 따르느니라

양들은 목자의 음성을 안다. 목자가 "가자"면 가고, "오라"면 온다. 목자의 음성을 알고 목자를 따르는 것이다.

(요 10:27) 내 양은 내 음성을 들으며 나는 그들을 알며 그들은 나를 따르느니라

우리는 우리의 목자이신 예수님을 따라가고, 하나님을 따라가야 한다.

(신 13:4) 너희는 너희의 하나님 여호와를 따르며 그를 경외하며 그의 명령을 지키며 그의 목소리를 청종하며 그를 섬기며 그를 의지하며

우리는 매일 하나님의 말씀을 읽고 묵상하여, 주님이 우리에게 주시는 그 말씀에 귀를 기울이고 그 말씀을 따라서 살아가야 한다.

양은 목자를 따를 때 해를 두려워하지 않는다.

(시 23:3-4) [3] 내 영혼을 소생시키시고 자기 이름을 위하여 의의 길로 인도하시는도다 [4] 내가 사망의 음침한 골짜기로 다닐지라도 해를 두려워하지 않을 것은 주께서 나와 함께 하심이라 주의 지팡이와 막대기가 나를 안위하시나이다

다윗은 자신이 목자이신 하나님을 따라갈 때, 하나님께서 자신을 인도하시고 사망의 음침한 골짜기를 지나가더라도 주님이

함께하시고 자신을 지켜 주심을 깨달았다. 오늘 우리는 목자 되신 예수님을 따라갈 때 예수님이 우리의 삶을 책임져 주시는 것을 알아야 한다. 삶에 다가오는 문제를 두려워하지 않아도 된다. 목자께서 우리를 지켜 주시고 보호해 주시기 때문이다.

예수님은 영생을 주러 이 세상에 오셨다

예수님께서 이 세상에 오신 가장 큰 목적은 사람들의 죄를 사하시고, 그들에게 영생을 주시기 위함이었다. 예수님은 우리가 예수님을 의지하고 살아서 주님이 주신 구원의 선물을 받고 살기를 원하신다. 예수님은 예수님을 자신의 주인으로 믿는 사람에게 영생을 주신다.

(요 10:28) 내가 그들에게 영생을 주노니 영원히 멸망하지 아니할 것이요 또 그들을 내 손에서 빼앗을 자가 없느니라

하나님은 예수님을 믿고 순종하는 사람에게 영생을 주신다.

(요 3:36) 아들을 믿는 자에게는 영생이 있고 아들에게 순종하지 아니하는 자는 영생을 보지 못하고 도리어 하나님의 진노가 그 위에 머물러 있느니라

어떤 사람은 영생을 얻는 방법을 어렵게 생각한다. 자신의 행위나 율법을 지킴으로 영생을 얻으려고 하는 사람도 있다. 그러나 성경은 말한다. 하나님의 아들 예수님을 믿고 순종하는 사람에게 영생을 주신다는 것이다. 반대로 하나님의 아들을 믿지 아니하고 순종하지 않는 사람은 영생을 보지 못하고, 도리어 하나님의 진노가 그 위에 머물러 있다는 것이다. 다른 길이 없다. 오로지 예수님을 믿을 때 영원한 생명을 얻게 된다는 것을 잊지 말아야 한다.

예수를 믿는 사람은 멸망하지 않는다.

(요 5:24) 내가 진실로 진실로 너희에게 이르노니 내 말을 듣고 또 나 보내신 이를 믿는 자는 영생을 얻었고 심판에 이르지 아니하나니 사망에서 생명으로 옮겼느니라

우리는 예수님을 믿고 하나님을 믿으면 영생을 얻고 심판에 이르지 않는다는 것을 알아야 한다. 우리가 예수님을 믿고 하나님을 믿는 그 순간 이미 우리는 사망에서 생명으로 옮겨졌다는 것이다.

하나님은 그의 자녀들을 지켜 주신다. 하나님은 세상의 어떤 누구보다 크신 하나님이시기 때문에 어느 누구도 우리를 하나님의 손에서 빼앗을 수 없다.

> (요 10:29) 그들을 주신 내 아버지는 만물보다 크시매 아무도 아버지 손에서 빼앗을 수 없느니라

하나님은 환난 날에 그의 초막 속에 비밀히 지켜 주신다.

> (시 27:5) 여호와께서 환난 날에 나를 그의 초막 속에 비밀히 지키시고 그의 장막 은밀한 곳에 나를 숨기시며 높은 바위 위에 두시리로다

생각해 봅시다 ....

사람들은 예수님이 그리스도인지 확신할 수 없었다. 그들은 예수님이 그리스도이신지 물었다. 예수님은 그들의 물음에 정확하게 답해 주셨다. "예수님은 하나님의 아들이시며, 우리를 구원하시는 그리스도"라는 것이다. 오늘 우리도 예수님이 하나님의 아들이심과 그리스도이심을 믿고 예수님만을 따라가자. 예수님이 우리와 함께하시고 지켜 주신다.

4장

한 알의 밀알이 되신 예수님

22일째 묵상
예수님은 부활이요 생명이다

오늘의 말씀 / 요 12:1-12

나사로가 중병에 걸려 죽어 가고 있었다. 여동생들인 마리아와 마르다는 예수님께서 오셔서 오빠 나사로를 위하여 기도해서 고쳐 주실 것을 간청하였다. 그러나 예수님은 나사로가 죽은 후에야 도착하셔서, 죽은 나사로를 살려 주셨다. 예수님은 죽은 나사로를 살리심으로 하나님의 영광을 나타내시고, 부활이 실제적으로 일어나는 사건임을 보여 주셨다. 오늘 본문의 말씀을 통해서 우리에게 주시는 진리의 말씀은 무엇일까?

인생에는 예상치 못하는 문제가 다가온다

우리는 살면서 병이 들 때가 있다. 병이 드는 것에는 여러 가지 원인이 있다. 우리의 부주의와 육신의 과로로 인하여 병이

다가오기도 한다.

하나님이 우리에게 안식을 주신 이유는, 일을 쉬고 하나님을 거룩하게 예배하는 날로 삼으라는 것이다. 우리의 몸을 계속해서 혹사하고 과로하다 보면 병이 다가온다. 우리는 하나님의 말씀대로 안식을 지켜 거룩한 삶을 살고, 쉼이있는 삶을 살아야 한다.

(신 5:12) 네 하나님 여호와가 네게 명령한 대로 안식일을 지켜 거룩하게 하라

사탄의 역사로 병이 다가오기도 한다. 때로 사탄이 사람들에게 다가와서 병들게 할 때가 있다. 욥에게 사탄이 다가와서 병들게 한 것처럼, 사탄이 우리를 병들게 할 때도 있다.

하나님의 영광을 위한 병도 있다.

(요 11:4) 예수께서 들으시고 이르시되 이 병은 죽을 병이 아니라 하나님의 영광을 위함이요 하나님의 아들이 이로 말미암아 영광을 받게 하려 함이라 하시더라

예수님은 나사로가 병들었다고 할 때 그 병은 죽을 병이 아니라고 하시고, 하나님의 영광을 위함이라고 말씀하셨다. 어떻게 병이 하나님의 영광이 되나? 결국 나사로는 그 병으로 죽게 되지만, 하나님은 그를 다시 살리실 것이기 때문이다. 하나님은 사람을 살리기도 하시고, 죽이기도 하시는 하나님이시다. 하나님은 나사로를 살리심을 통하여 영광을 나타내실 것이다. 오늘도 하나님은 죽은 나사로를 살리듯이 우리를 살리신다. 우리의 모든 문제에서 우리를 건져 주신다. 그 하나님을 의지하고 살아가자.

예수님은 때를 통하여 일하신다

예수님은 하나님의 때를 기다리셨다.

> (요 11:6) 나사로가 병들었다 함을 들으시고 그 계시던 곳에 이틀을 더 유하시고

이것은 우리가 평소에 알고 있는 예수님의 모습과 다르다. 예수님은 사람들이 병들었다고 하면 바로 가서 고쳐 주셨다. 그런데 왜 이번에는 병든 나사로에게 바로 가지 않으셨을까?

예수님은 하나님의 때를 기다리고 있었기 때문이다. 예수님은 나사로의 죽음을 통하여 죽은 자를 살리시는 하나님을 보여 주시고, 부활을 주시는 하나님이심을 보여 주시려는 것이다. 하

나님의 때는 사람의 때와 다르다. 예수님은 하나님의 때를 통하여 죽은 자도 살리시고, 우리에게 영생을 주시는 권능의 주님이시다.

예수님은 어떤 위협도 두려워하지 않으셨다.

(요 11:8) 제자들이 말하되 랍비여 방금도 유대인들이 돌로 치려 하였는데 또 그리로 가시려 하나이까

이제 때가 되어 예수님께서 죽은 나사로의 무덤으로 가려고 하니 제자들이 만류하였다. 유대인들이 예수님을 노리고 있다는 것이다. 예수님을 신성모독으로 간주하여 예수님을 돌로 쳐서 죽이려고 하기 때문에 지금은 가는 것이 좋지 않다는 것이다.

그러나 예수님은 그들의 위협을 두려워하지 않았다. 예수님은 자신이 결국 십자가에서 못 박혀 죽으실 것을 알았기 때문에 그런 위협을 겁내지 않았다. 하나님의 때가 되지 않으면 어느 누구도 예수님을 해할 수 없는 것을 알고 계셨기 때문이다.

우리도 위협을 맞을 때가 있다. 그러나 어떤 위협이 다가와도 하나님을 의지하면 하나님이 돌보시고 힘을 주심을 알아야 한다. 담대해야 한다. 다윗의 고백처럼 하나님이 우리의 산성이 되시고, 방패가 된다는 것을 늘 기억하고 살아야 한다.

예수님은 빛 가운데 일하셨다

(요 11:9-10) [9] 예수께서 대답하시되 낮이 열두 시간이 아니냐 사람이 낮에 다니면 이 세상의 빛을 보므로 실족하지 아니하고 [10] 밤에 다니면 빛이 그 사람 안에 없는 고로 실족하느니라

예수님은 사람들이 낮에 다니면 빛이 있어서 실족하지 않는 다고 말씀하셨다. 그러나 밤에 다니면 빛이 없으므로 어두워 실 족하게 된다는 것이다. 그래서 우리에게는 빛이 있어야 한다. 빛은 예수 그리스도를 의미한다. 우리는 빛 되신 예수님과 동행 하자.

지금도 수많은 사람들이 어둠 속에서 살아가고 있다. 예수님 이 구원의 주님이신 줄을 모르고 어둠 속에서 실족하며 살아가 고 있다. 예수님은 그런 사람들에게 빛을 비추어 주신다. 어둠 이 떠나가게 하고, 빛으로 충만하게 하여 기쁨을 주시기 원하신 다. 우리는 오늘도 빛이신 예수님과 함께 동행해야 한다. 예수 님과 함께 밝고 환한 삶을 살아가자.

예수님은 문제의 해결자가 되신다

인생에는 죽음이 다가온다. 사람들은 자신이 죽을 날을 모를

뿐, 누구나 이 세상에 태어나서 죽는 날이 온다.

> (약 4:14) 내일 일을 너희가 알지 못하는도다 너희 생명이 무엇이냐 너희는 잠깐 보이다가 없어지는 안개니라

누구든지 죽는 날이 온다는 것을 생각할 때 사람들은 겸손해진다. 죽는다는 것을 생각할 때 모든 욕심을 내려놓을 수 있다. 우리는 죽는다는 것을 생각할 때 비로소 사랑하며, 용서하며 살아갈 수 있다. 우리가 이 세상을 떠나는 날이 다가온다는 것을 알고, 겸손한 삶, 욕심을 내려놓는 삶, 사랑하며 사는 삶을 살아가자.

예수님은 부활의 주님이시다

> (요 11:11) 이 말씀을 하신 후에 또 이르시되 우리 친구 나사로가 잠들었도다 그러나 내가 깨우러 가노라

놀라운 사실은 예수님이 죽은 자를 살리시는 주님, 부활의 주님이라는 것이다. 예수님이 "나사로가 잠들었으니 깨우러 가야 한다"라고 말씀하셨을 때, 제자들은 정말 나사로가 잠들어서 깨우러 가는 줄 알았다. 예수님의 말씀은 죽은 나사로를 살리러

간다는 의미였다. 예수님은 우리에게 중요한 교훈을 알려 주시기를 원하셨다. 그것은 하나님이 죽은 자를 살리시는 하나님이라는 것이다. 결국 예수님은 십자가에서 죽으실 것이고, 하나님은 죽은 예수님을 부활하게 하실 것이라는 것이다. 예수님의 부활은 우리도 부활할 것이라는 소망을 준다.

생각해 봅시다 ....

우리는 살아가면서 예상치 못하는 위기를 만난다. 병들기도 하고, 여러 가지 문제로 고통을 당하기도 한다. 그러나 우리가 예수님을 의지하고 살아갈 때 예수님은 문제를 하나님의 영광으로 바꾸어 주신다. 사람들에게는 죽음이 다가오지만 예수님은 죽은 자를 살리신다. 예수님은 우리의 문제 해결자가 되신다. 예수님을 의지함으로써 부활의 은혜 가운데 살아가자.

성령님의 인도를 따라서 살자

오늘의 말씀 / 요 12:1-8

하나님은 우리가 감사를 마음에만 간직하지 말고 표현하고 살기를 원하신다. 하나님은 우리가 제사를 드릴 때 감사로 제사를 드리는 사람이 하나님을 영화롭게 한다고 말씀하셨다. 오늘 본문에도 보면 오빠 나사로가 죽었다가 살아난 것에 감사하여 마리아는 예수님께 값비싼 향유를 부어 드렸다. 예수님은 마리아의 헌신을 기뻐하셨다. 오늘 본문이 우리에게 주는 진리의 말씀은 무엇일까?

예수님은 우리에게 최고의 것을 주셨다

예수님은 영원한 생명을 주셨다. 마리아가 예수님께 향유를 깨뜨려 드리며 감사한 것은 예수님이 그의 죽은 오빠 나사로를 살려 주셨기 때문이다. 예수님은 그의 가정에 부활의 생명을 주셨다. 오늘 우리에게도 예수님은 생명을 주셨다. 누구든지 예수를 믿기만 하면 하나님의 자녀가 되며, 영원한 생명을 주신다.

(요 3:16) 하나님이 세상을 이처럼 사랑하사 독생자를 주셨으니 이는 그를 믿는 자마다 멸망하지 않고 영생을 얻게 하려 하심이라

예수님은 슬픔이 변하여 기쁨이 되게 하신다. 마리아와 마르다는 나사로가 죽고 나서 깊은 슬픔 속에 있었다. 오빠가 병들어 죽어 장례를 치른다는 것은 큰 슬픔의 일이다. 그러나 예수님은 나사로를 살리심으로 그 가정의 슬픔을 기쁨으로 바꾸어 주셨다. 그들에게 놀라운 은혜가 충만하게 되었다. 오늘도 우리가 예수님께 나오면 예수님은 우리의 슬픔이 변하여 기쁨이 되게 하신다.

(행 2:28) 주께서 생명의 길을 내게 보이셨으니 주 앞에서 내게 기쁨이 충만하게 하시리로다 하였으므로

예수님은 자신의 최고의 것을 주셨다. 예수님은 십자가에서 자신의 생명을 내어 주셨다. 예수님은 우리를 위해서 피 흘려 죽으심으로 우리의 죄를 사하시고, 우리를 의롭게 바꾸어 주셨다. 우리에게 새로운 삶을 선물로 주셨다.

(고후 5:17) 그런즉 누구든지 그리스도 안에 있으면 새로운 피조물이라 이전 것은 지나갔으니 보라 새것이 되었도다

우리가 얻은 새 생명은 예수님이 주신 사랑과 은혜에 근거해서 얻게 된 것임을 늘 기억해야 한다.

예수님께 감사함으로 우리의 최고의 것을 드리자

예수님께 감사를 드리자. 하나님은 우리가 드리는 감사를 기뻐하신다.

(시 50:14-15) [14] 감사로 하나님께 제사를 드리며 지존하신 이에게 네 서원을 갚으며 [15] 환난 날에 나를 부르라 내가 너를 건지리니 네가 나를 영화롭게 하리로다

하나님은 이스라엘 백성들이 하나님께 나아가 제사를 드리는 것을 기뻐하셨다. 그러나 그 제사에 가장 중요한 것이 있었다. 감사로 드리는 제사여야 했다. 의무감으로 드리는 제사, 기쁨과 감사가 없는 제사는 하나님을 감동시키지 못한다. 하나님은 우리가 감사가 넘치는 제사를 드리고, 예배를 드리기를 원하신다. 마리아는 오빠 나사로를 살려 주신 예수님께 행동으로 감사를

표현했다.

우리의 최고의 것으로 주님께 감사를 드리자. 마리아는 예수님께 자신의 감사의 마음을 어떻게 표현할까 생각하다가, 자신이 가지고 있는 것 중에 최고의 것을 예수님께 드려 감사를 표현하기를 원했다. 자신이 가지고 있는 것 중에 가장 값비싼 것은 향유였다. 이스라엘의 여인들은 향유를 모은다. 언젠가 그 향유는 꼭 필요할 때 큰 재산이 되는 것이다. 마리아는 자신이 가진 최고의 것인 그 값비싼 향유를 예수님께 부어 드리기로 결단했다. 가룟 유다는 그 향유가 300데나리온이라고 했다. 노동자가 300일 동안 일해서 받은 월급에 해당되는 큰돈이다.

(요 12:5) 이 향유를 어찌하여 삼백 데나리온에 팔아 가난한 자들에게 주지 아니하였느냐 하니

마리아는 그 향유가 비싼 줄 몰라서 그것을 예수님께 부어 드린 것이 아니다. 오히려 그 향유가 비싸기 때문에 예수님께 부어 드린 것이다. 자신이 가지고 있는 것 가운데 가장 값비싼 것을 예수님께 부어 드리기 원했기 때문이다.

인생에 감사의 향기가 가득하게 하라. 마리아는 예수님께 향유를 가지고 나가서 발에 부어 드렸다. 그러자 그 향유의 냄새가 온 집에 가득하게 되었다. 왜 성경에서 요한은 온 집에 향유 냄새가 가득하게 되었다는 것을 강조하여 기록하고 있는 것일까? 그것은 마리아의 감사를 향유의 냄새에 비유하고 있는 것이다. 감사는 눈에 보이지 않는다. 그러나 그 여인의 감사는 향유의 냄새가 퍼져 나가는 것처럼 그 집에 가득하게 퍼진 것이다.

오늘 우리도 감사를 마음으로만 간직하지 말자. 감사를 표현하자. 가득 퍼지게 하자.

성령의 인도하심을 따라서 살자

성령의 음성에 귀를 기울이라. 하나님은 자신의 말에 귀를 기울이는 사람에게 말씀하신다. 사무엘은 하나님이 말씀하실 때 "말씀하옵소서 주의 종이 듣겠나이다"라고 말했다. 그럴 때 하나님이 말씀하셨다.

(삼상 3:10) 여호와께서 임하여 서서 전과 같이 사무엘아 사무엘아 부르시는지라 사무엘이 이르되 말씀하옵소서 주의 종이 듣겠나이다 하니

마리아도 성령의 인도하심에 귀를 기울였다. 어느 날 성령께서 마리아에게 감동을 주셨다. 네가 가진 가장 귀한 향유를 예

수님께 드리라는 것이다. 처음에 마리아는 저항을 했을지도 모른다. "그게 얼마짜리인데?"라고 생각했을 수도 있다. 그러나 마리아는 결국 성령의 감동에 순종했다.

순종은 기적을 가져온다. 마리아는 예수님께 자신의 향유를 부어 드릴 때 왜 자신의 마음에 그런 생각이 들었는지 처음에는 그 이유를 알지 못했다. 단지 값비싼 향유를 예수님께 감사의 표현으로 부어 드리는 것을 주님이 기뻐하실 것으로만 생각했을 것이다. 그러나 성령이 마리아에게 향유를 부어 드리라고 한 것에는 다른 이유가 있었다. 그것은 예수님이 돌아가시기 전에 그 몸에 향유를 부어 예수님의 장례를 준비하는 것이었다. 예수님은 마리아가 향유를 부었을 때 마리아가 자신의 장례를 준비하는 것이라고 말씀하셨다. 마리아는 깜짝 놀랐을 것이다. 그는 자신의 행동이 예수님의 장례를 준비하고 있는 것인지 몰랐다. 마리아가 성령의 인도하심에 순종할 때 예수님의 장례를 준비하는 사람이 된 것이다.

생각해 봅시다

우리는 놀라운 선물을 받았다. 예수님이 우리를 위하여 십자가에서 죽으시고 부활하심으로 우리에게 새 생명을 주시고, 구원과 영생을 주신 것이다. 마리아가 예수님께 자신의 가장 값비싼 향유를 부어 드린 것처럼 우리도 예수님께 우리 최고의 것을 드려 감사의 향기가 가득하게 하자. 마리아가 성령의 인도하심에 순종한 것처럼, 우리도 성령의 인도하심에 순종하며 살아가자.

24일째 묵상
한 알의 밀알이 되자

오늘의 말씀 / 요 12:24-33

농부는 봄이 되면 땅에 씨를 뿌린다. 땅에 뿌려진 씨를 축축한 수분이 감싸게 되고, 그래서 그 씨는 서서히 썩어 가며 죽어 간다. 그러다 갑자기 놀라운 일이 일어난다. 딱딱하고 말라 버려 죽은 것 같던 씨앗 안에서 새싹이 나온다. 그 새싹은 흙을 뚫고 나오고, 곧이어 줄기가 나오고 잎이 나오며 결국 많은 열매를 맺게 된다. 예수님은 이 이야기를 구원의 진리와 연결하여 말씀하셨다. 오늘 본문이 우리에게 주시는 진리의 말씀은 무엇인가?

한 알의 밀에는 생명의 비밀이 감추어져 있다

예수님은 한 알의 밀처럼 죽으러 오셨다. 한 알의 밀이 죽어야 한다는 말씀의 의미는 예수님의 십자가의 죽음과 관련되어 있다. 마리아가 향유를 부어 드리고 난 이후에 예수님은 자신의 죽음에 대하여 본격적으로 말씀하셨다.

예수님은 십자가에서 자신이 죽음으로 인류를 구원하시고 살리실 것을 생각하고 계셨던 것이다. 예수님의 죽음은 우리에게 많은 열매를 맺게 한다. 예수님이 십자가에서 죽으실 때 우리의 가난과 저주가 죽었다. 아브라함의 복의 열매를 맺게 되었다. 우리는 예수님의 십자가의 은혜로 더 이상 저주 가운데 있는 사람이 아니요, 복된 사람이라는 것을 늘 인식하고 살아야 한다. 예수님이 십자가에서 죽을 때 우리의 질병이 떠나갔다. 우리는 건강의 열매를 맺게 되었다.

(벧전 2:24) 친히 나무에 달려 그 몸으로 우리 죄를 담당하셨으니 이는 우리로 죄에 대하여 죽고 의에 대하여 살게 하려 하심이라 그가 채찍에 맞음으로 너희는 나음을 얻었나니

예수님은 친히 나무에 달려 우리의 죄를 담당하시고, 우리의 질병을 담당하셨다. 우리는 예수님이 채찍에 맞음으로 우리가 나음을 받았다. 예수님이 십자가에서 죽을 때 사망이 떠나고 천국의 영생의 열매를 맺게 되었다. 이제는 더 이상 사망이 우리 가운데 왕 노릇할 수 없게 되었다. 예수님이 부활하신 것같이, 우리도 부활의 생명으로 산다. 우리도 예수님과 같이 죄에 대해서는 죽은 자가 되고, 예수님에 대해서는 산 자가 되어야 한다.

(요 12:25) 자기의 생명을 사랑하는 자는 잃어버릴 것이요 이 세상에서 자기의 생명을 미워하는 자는 영생하도록 보전하리라

우리는 이제 더 이상 죄 가운데 살지 않는다. 죄에 대하여 죽었기 때문이다. 우리는 이제 하나님께 대하여 살아 있는 사람이 되었다는 것을 늘 기억해야 한다. 예수님 안에서 죽을 때 우리는 영생을 얻게 된다.

이제 우리는 예수님과 함께 십자가에서 죽고, 예수님과 함께 부활하였다. 그래서 우리는 새로운 생명을 얻었다. 이 생명으로 인하여 우리는 영원히 살게 되었다.

예수님을 섬기며 살아가자

예수님을 섬기는 사람을 하나님은 귀히 여기신다.

(요 12:26) 사람이 나를 섬기려면 나를 따르라 나 있는 곳에 나를 섬기는 자도 거기 있으리니 사람이 나를 섬기면 내 아버지께서 그를 귀히 여기시리라

오늘 우리는 예수님을 섬기며 예수님을 따르는 삶을 살아야 한다. 그런 사람을 하나님은 기뻐하신다.

예수님은 하나님의 뜻에 순종하며 살았다.

(요 12:27) 지금 내 마음이 괴로우니 무슨 말을 하리요 아버지여 나를 구원하여 이때를 면하게 하여 주옵소서 그러나 내가 이를 위하여 이때에 왔나이다

죽는 것은 괴로운 일이다. 그러나 예수님은 이때를 위하여 자신이 오셨음을 아셨다. 우리를 위해서 죽음의 괴로움을 감당하신 것이다. 예수님은 하나님 중심의 삶을 사셨다. 그는 철저히 하나님의 말씀에 순종하셨다. 겟세마네 동산에서 이 잔을 내게서 옮겨 달라고 하면서도, 하나님의 뜻이 그 잔을 마시는 것이라는 것에 저항하지 않고 그대로 받아들이셨다. 그렇게 십자가의 죽음을 받아들이셨다.

예수님은 하나님께 모든 영광을 돌려 드렸다.

(요 12:28) 아버지여, 아버지의 이름을 영광스럽게 하옵소서 하시니 이에 하늘에서 소리가 나서 이르되 내가 이미 영광스럽게 하였고 또다시 영광스럽게 하리라 하시니

예수님은 자신이 영광을 받으시는 것이 아니라, 모든 영광을 하나님께 돌려 드리기를 원했다. 오늘 우리도 모든 영광을 내가 받으려고 하지 말고, 하나님께 돌려 드리는 삶을 살아가자.

예수님은 십자가의 은혜로 사람들을 구원으로 이끄신다

이 세상의 임금인 마귀가 쫓겨나게 될 것이다.

(요 12:31) 이제 이 세상에 대한 심판이 이르렀으니 이 세상의 임금이 쫓겨나리라

우리도 십자가의 공로를 의지하여 마귀를 대적해야 한다.

(약 4:7) 그런즉 너희는 하나님께 복종할지어다 마귀를 대적하라 그리하면 너희를 피하리라

예수님은 이 세상에 오셔서 수많은 사람들에게서 귀신을 쫓아내시고 병든 자를 고치셨다. 예수님은 십자가를 지심으로 마귀의 권세를 깨뜨리셨다. 오늘 우리는 예수님의 이름으로 마귀를 쫓아내야 한다. 예수 이름으로 마귀를 대적할 때 마귀는 떠날 수밖에 없다.

예수님이 십자가에서 들릴 때 사람들을 예수님께로 이끄신다.

(요 12:32) 내가 땅에서 들리면 모든 사람을 내게로 이끌겠노라 하시니

예수님은 "모세가 광야에서 뱀을 든 것 같이 인자도 들려야 하리니…"라고 말씀하셔서 예수님이 십자가에 들리실 것을 말씀하셨다. 예수님이 십자가에 들리신 순간 누구든지 예수를 믿는 사람에게 영생을 주시고 구원으로 이끌어 주셨다.

십자가의 은혜로 우리에게서 어둠이 사라지고 우리는 빛 가운데서 살아가게 된다.

(요 12:36) 너희에게 아직 빛이 있을 동안에 빛을 믿으라 그리하면 빛의 아들이 되리라 예수께서 이 말씀을 하시고 그들을 떠나가서 숨으시니라

(요 8:12) 예수께서 또 말씀하여 이르시되 나는 세상의 빛이니 나를 따르는 자는 어둠에 다니지 아니하고 생명의 빛을 얻으리라

예수님은 세상의 빛이시다. 누구든지 예수님께 나오는 사람들은 이제 어둠이 떠나고 빛으로 충만한 삶을 살게 된다. 오늘 우리도 모든 어둠을 예수님께 맡기고, 빛으로 충만한 삶을 살아가자.

서로의 발을 씻기자

오늘의 말씀 / 요 13:1-11

사람들은 다른 사람의 인정과 존경을 받기를 좋아한다. 예수님의 제자들도 사람들이 자신을 인정해 주고 높여 주기를 원했다. 어떤 제자는 자신의 어머니를 통하여 자신을 요직에 앉혀 달라고 예수님께 청탁을 하기도 했다. 이런 모습을 보면서 제자들은 분노했고, 예수님은 그들의 그런 모습을 보면서 중요한 교훈을 가르쳐 주셨다. 오늘 본문의 말씀을 통하여 우리에게 주시는 말씀은 무엇일까?

마음을 지켜야 한다

예수님은 자기 사람들을 끝까지 사랑하셨다. 예수님은 십자가를 지러 잡혀가는 순간에도 제자들을 사랑하셨다. 예수님을 모른다고 부인하고, 자신을 제사장에게 파는 제자를 보면서 분노하지 않으셨다. 어떻게 그럴 수가 있었을까? 예수님은 그들을 사랑하시며, 그들을 불쌍히 여기시고 자신의 마음을 끝까지 지키셨기 때문이다.

(요일 4:10) 사랑은 여기 있으니 우리가 하나님을 사랑한 것이 아니요 하나님이 우리를 사랑하사 우리 죄를 속하기 위하여 화목 제물로 그 아들을 보내셨음이라

예수님은 온 인류를 사랑하셨다. 예수님은 자신의 몸을 버려 우리의 죄를 속하고, 우리를 구원하시기 위해서 십자가를 짊어지셨다. 여기서 우리는 끝없는 하나님의 사랑을 볼 수 있다. 그 하나님께서 오늘도 우리를 사랑하시고, 우리를 용서하시고, 품어 주신다.

마음을 지켜야 한다. 성경은 우리가 마음을 지키고 살아가는 것의 중요성을 강조하고 있다.

(잠 4:23) 모든 지킬 만한 것 중에 더욱 네 마음을 지키라 생명의 근원이 이에서 남이니라

예수님의 제자 중 가룟 유다는 마음을 지키지 못했다. 왜 가

롯 유다가 예수님을 팔려고 했을까? 성경에 보면 나사로가 살아 났을 때 나사로의 여동생 마리아는 옥합을 깨뜨려 예수님께 부어 드렸다. 가롯 유다는 그 향유를 비싼 값에 팔아서 가난한 이웃들에게 구제로 나누어 주자고 했는데, 예수님은 가만 두라고 하셨다. 그 순간 가롯 유다는 예수님이 변했다고 생각했을 것이다. 과거에는 그렇게 가난한 사람을 돌보시더니, 이제는 자신을 위해서 그렇게 값비싼 옥합을 깨뜨려 붓는 것을 놔두라고 하는 것을 보면서 예수님이 변했다고 생각했을 것이다. 그는 예수님이 자신의 장례를 준비하고 계시는 것을 알지 못했다. 마귀는 그 순간부터 가롯 유다가 예수님을 팔기에 적합한 인물이라고 점 찍어 두었을 것이다. 마귀는 가롯 유다에게 예수님을 팔아야 겠다는 생각을 넣어 준 것이다.

(요 13:2) 마귀가 벌써 시몬의 아들 가롯 유다의 마음에 예수를 팔려는 생각을 넣었더라

우리는 마음을 지켜야 한다. 늘 기도와 말씀, 묵상과 예배로 우리의 마음을 지키고 살아가자. 마음을 지키지 않으면 자신도 모르게 가롯 유다와 같은 사람이 될 수도 있기 때문이다.

나의 고집을 내려놓고 예수님을 따르자

예수님은 제자들의 발을 씻겨 주셨다.

> (요 13:4-5) [4] 저녁 잡수시던 자리에서 일어나 겉옷을 벗고 수건을 가져다가 허리에 두르시고 [5] 이에 대야에 물을 떠서 제자들의 발을 씻으시고 그 두르신 수건으로 닦기를 시작하여

예수님은 식사를 마치고 나서 잡수시던 자리에서 일어나서 겉옷을 벗고 수건을 허리에 두르고 대야에 물을 떠서 제자들의 발을 씻기셨다. 이 모습에 제자들은 당황했다. '아니! 선생님이 제자들의 발을 씻기다니!' 그들은 안 된다고 아우성을 쳤다. 예수님이 왜 그러셨나? 섬김을 받고 싶으면 먼저 섬기라는 것이다. 선생님이 섬김으로 제자들의 발을 씻겼으니, 제자들도 서로에게 그렇게 해야 한다는 것이다. 우리는 '다른 사람이 나를 섬겨주었으면' 하는 마음이 들 때가 많이 있다. 그럴 때 우리는 예수님을 기억해야 한다. 섬김을 받기 전에 내가 먼저 섬기자. 내가 먼저 헌신하자. 내가 먼저 사랑하자. 내가 먼저 베풀자. 내가 먼저 낮아진 마음으로 사람들의 발을 씻겨야 한다.

이해가 안 되어도 예수님을 따르자.

(요 13:7) 예수께서 대답하여 이르시되 내가 하는 것을 네가 지금은 알지 못하나 이후에는 알리라

예수님은 제자들에게 지금은 알지 못하지만, 이후에는 알게 될 것이라고 말씀하셨다. 제자들은 예수님이 하시는 말과 행동이 그때는 이해가 되지 않았다. 그러나 나중에 시간이 지나고 보니, 예수님이 하신 모든 행동은 그들에게 중요한 교훈을 주는 것이었음을 알게 되었다. 우리가 매일 말씀을 읽고 묵상을 해야 하는 이유가 여기에 있다. 당시에 제자들은 그 말씀을 듣고도 행동을 보고도 그것의 의미를 알지 못했으나 시간이 지나면서 예수님의 말씀과 행동의 의미를 알게 된 것처럼, 우리도 말씀을 읽고 묵상하면서 예수님이 우리에게 주시는 말씀의 의미를 깨닫고 실천해야 한다.

내 고집을 내려놓고 예수님을 따르자.

(요 13:8) 베드로가 이르되 내 발을 절대로 씻지 못하시리이다 예수께서 대답하시되 내가 너를 씻어 주지 아니하면 네가 나와 상관이 없느니라

예수님이 제자들의 발을 씻길 때 베드로는 이해할 수가 없었다. '어떻게 선생님이 제자들의 발을 씻기나?' 그런 생각으로 그는 자신의 발은 절대 씻을 수 없다고 고집을 부렸다. 그러자 예수님은 "내가 너를 씻어 주지 않으면 네가 나와 상관이 없다"라고 말씀하셨다. 우리의 생각과 고집을 내려놓고 예수님을 따라야 한다.

우리도 서로의 발을 씻기사

우리도 서로를 섬기자.

(요 13:14) 내가 주와 또는 선생이 되어 너희 발을 씻었으니 너희도 서로 발을 씻어 주는 것이 옳으니라

예수님은 선생님으로서 제자들의 발을 씻겨 주셨다. 그와 같이 우리도 서로의 발을 씻겨 주는 것처럼 서로를 높여 주고, 서로를 섬겨 주라는 것이다.

(요 13:15) 내가 너희에게 행한 것같이 너희도 행하게 하려 하여 본을 보였노라

예수님이 본을 보여 준 것처럼, 우리도 서로를 품어 주고 섬겨 주며 살아가자. 예수님이 우리의 죄를 용서해 주시는 것같이 우리도 서로의 죄를 용서하며 품어 주며 살아야 한다.

예수님은 우리를 알고 계신다.

(요 13:18) 내가 너희 모두를 가리켜 말하는 것이 아니니라 나는 내가 택한 자들이 누구인지 앎이라 그러나 내 떡을 먹는 자가 내게 발꿈치를 들었다 한 성경을 응하게 하려는 것이니라

예수님은 자신이 택한 사람이 누구인지 아신다. 예수님은 우리의 모든 형편과 사정도 알고 계시고, 우리의 과거와 현재와 미래도 알고 계시기 때문이다. 그날 밤, 예수님은 가룟 유다의 발은 씻어 주시지 않았을까? 가룟 유다의 발도 씻어 주셨을 것이다. 예수님은 가룟 유다가 자신을 팔 것을 알고도 그의 발을 씻어 주셨다. 예수님은 모든 것을 아신다. 자신을 파는 제자도 사랑하시고, 그를 품어 주셨다.

생각해 봅시다

예수님은 서로가 섬김을 받겠다고 하는 제자들의 발을 씻겨 주심으로 섬김의 도를 가르쳐 주셨다. 우리는 마음을 지키고 살아야 한다. 늘 깨어서 예배하는 예배자가 되고, 말씀을 읽고, 묵상하고, 기도하여 성령의 인도하심을 받고 살아야 한다. 예수님이 우리를 섬기셨듯이 우리도 서로를 섬기며 사랑하며 살아가자.

26일째 묵상
서로 사랑하며 살자

오늘의 말씀 / 요 13:31-38

예수님은 제자들에게 큰 시험이 다가올 것을 알고 계셨다. 예수님이 십자가를 지시는 과정에서 제자 중의 한 사람인 가룟 유다는 예수님을 팔고, 베드로는 예수님을 모른다고 부인하고, 제자들은 뿔뿔이 흩어지게 될 것을 알고 계셨다. 제자들은 예수님의 죽음에 대하여 서로를 비난하게 될 것이다. 그런 제자들에게 예수님은 말씀하신다. "새 계명을 주노니 서로 사랑하라!" 서로를 원망하지 말고 사랑하며 살라는 것이다. 오늘 본문의 말씀을 통하여 우리에게 주시는 진리의 말씀은 무엇일까?

하나님의 뜻에 순종하자

(요 13:32) 만일 하나님이 그로 말미암아 영광을 받으셨으면 하나님도 자

기로 말미암아 그에게 영광을 주시리니 곧 주시리라

예수님은 하나님의 뜻에 철저히 순종하셨다. 예수님은 일평생 순종을 통하여 하나님께 영광을 돌려 드렸다. 심지어는 십자가의 죽음까지도 받아들이고 순종하셨다. 오늘 우리도 하나님의 말씀에 순종하고 살아갈 때 하나님이 영광을 받으신다.

부활은 우리에게 산 소망을 준다. 하나님은 십자가를 지시기까지 순종하신 예수님께 부활을 주셨다. 죽은 지 사흘 만에 부활하심으로 예수님이 하나님의 아들이라는 것과, 예수님이 하신 말씀들이 모두 사실임을 입증하셨다.

(벧전 1:3) 우리 주 예수 그리스도의 아버지 하나님을 찬송하리로다 그의 많으신 긍휼대로 예수 그리스도를 죽은 자 가운데서 부활하게 하심으로 말미암아 우리를 거듭나게 하사 산 소망이 있게 하시며

놀라운 사실은 예수님의 부활로 이제 우리에게도 구원이 있고, 영원한 천국이 있다는 소망을 주신 것이다.

예수님은 천국으로 가신다

> (요 13:33) 작은 자들아 내가 아직 잠시 너희와 함께 있겠노라 너희가 나를 찾을 것이나 일찍이 내가 유대인들에게 너희는 내가 가는 곳에 올 수 없다고 말한 것과 같이 지금 너희에게도 이르노라

예수님은 십자가에서 죽음을 당하시고 천국으로 가실 것이다. 그곳은 지금은 제자들이 따라올 수 없는 곳이다. 그러나 먼 훗날 제자들도 예수님의 뒤를 따라서 세상을 떠나 영원한 천국으로 갈 때가 올 것이다. 우리는 늘 기억해야 한다. 머지 않은 장래에 우리도 이 세상을 떠나 영원한 천국으로 가는 때가 온다는 것이다. 하루하루 천국을 바라보며 살아가야 한다.

서로 사랑하라

예수님은 십자가를 지시기 전에 제자들에게 새로운 계명을 주셨다. 서로 사랑하라는 것이다. 이해가 안 되어도 사랑해야 한다. 예수님이 십자가를 지시기 전에 제자들의 모습은 실망스러운 모습이었다. 3년 반 동안이나 열심히 제자 훈련을 하고 가르쳤는데 한 제자는 예수님을 팔고, 한 제자는 모른다고 부인하고, 나머지는 모두 도망쳤다. 예수님이 잡히고 십자가를 지면서

회복

제자들 스스로도 서로를 비난할 것이 뻔했다. 그것을 알고 계시는 예수님은 제자들에게 말씀하셨다.

(요 13:34) 새 계명을 너희에게 주노니 서로 사랑하라 내가 너희를 사랑한 것같이 너희도 서로 사랑하라

제자들이 예수님을 팔았어도, 모른다고 부인했어도, 그럼에도 불구하고 서로를 사랑하라는 것이다. 예수님은 우리에게 서로의 허물을 들추지 말고, 서로의 연약함을 덮어 주며 사랑하라는 것이다. 예수님이 사랑했듯이 우리도 서로를 사랑하고 살아야 한다.

하나님을 사랑하라. 하나님은 우리가 하나님을 사랑하라고 말씀하신다.

(신 6:5) 너는 마음을 다하고 뜻을 다하고 힘을 다하여 네 하나님 여호와를 사랑하라

놀라운 사실은 하나님이 우리를 먼저 사랑하셨다는 사실이다. 하나님은 우리를 사랑하셔서 그의 하나밖에 없는 아들을 이 세상에 보내 주시고, 우리를 구원해 주셨다. 우리도 이와 같이 하나님을 사랑해야 한다. 하나님을 사랑할 때 하나님은 우리에게 놀라운 복을 주신다.

이웃을 사랑하라. 하나님은 우리가 우리 자신을 먼저 사랑하고, 우리 자신을 사랑한 것처럼 우리의 이웃도 사랑하기를 원하신다.

(마 22:39) 둘째도 그와 같으니 네 이웃을 네 자신같이 사랑하라 하셨으니

하나님은 네 이웃을 사랑하라고 하시며, 네 자신같이 이웃을 사랑하라고 하셨다. 우리는 먼저 나 자신을 사랑해야 한다. 어떤 사람은 자신을 사랑하지 않는다. 자신을 스스로 비난하고, 자신은 형편없는 존재라고 생각한다. 우리는 존귀한 존재이다. 그래서 우리를 구원하시려고 예수님이 이 세상에 오셔서 십자가를 지신 것이다. 그래서 우리는 스스로를 사랑해야 한다. 자신이 소중한 존재라는 것을 인정하고, 스스로 축복해야 한다.

(요 13:34) 새 계명을 너희에게 주노니 서로 사랑하라 내가 너희를 사랑한 것같이 너희도 서로 사랑하라

우리는 내가 나를 사랑한 것처럼 우리의 이웃도 사랑해야 한다. 예수님은 우리가 서로 사랑할 때 비로소 사람들이 우리가 예수님의 제자인 줄 알게 될 것이라고 말씀하셨다.

성령님을 의지하라

인생에는 예상치 못하는 어려움이 다가온다. 예수님이 십자
가를 지고 죽는다는 것은 제자들로서는 상상도 할 수 없는 일이
었다. 예수님은 죽은 자를 살리지 않았는가? 예수님은 물로 포
도주를 만들지 않았는가? 떡 다섯 개와 물고기 두 마리로 남자
만도 5천 명이 넘는 사람들을 먹이지 않았는가? 그런 예수님이
죽는다는 것은 이해할 수 없는 일이었다.

하나님의 계획과 우리의 계획은 다르다. 하나님의 방법과 우
리의 방법은 다르다. 인생에 수많은 문제와 어려움이 다가오지
만, 하나님을 의지하고 살아가면 하나님이 도와주신다. 성령을
의지하고 두려움을 이겨라.

(요 13:36) 시몬 베드로가 이르되 주여 어디로 가시나이까 예수께서 대답
하시되 내가 가는 곳에 네가 지금은 따라올 수 없으나 후에는 따라오리라

베드로는 목숨을 버리고 예수님을 따르겠다고 했으나, 결국
그는 두려워 예수님을 모른다고 세 번이나 부인했다. 그래서 우

리는 매일 성령의 충만을 받아야 한다. 예수님을 부인했던 베드로도 예수님의 부활 승천 이후에 성령의 충만을 받자 다시 담대하게 복음을 전할 수 있었다. 우리도 매일 성령의 충만을 받아야 한다. 그래서 담대함을 가지고 예수님의 증인으로서 살아야 한다. 성령은 우리의 연약함을 도와주신다.

생각해 봅시다

우리는 수많은 고난과 문제를 만난다. 우리는 문제를 만날 때 자칫하면 주변의 사람들에게 비난의 화살을 겨눌 때가 있다. 그러나 예수님은 우리에게 새로운 계명을 주셨다. 서로 사랑하라는 것이다. 우리는 서로를 비판하고 원망하지 말고, 서로를 품어 주고 용서하며 사랑하며 살아야 한다. 성령님을 의지할 때 성령께서 문제를 이길 수 있는 힘을 주시고, 길을 열어 주신다. 매일 성령님을 의지하고 용서하며, 사랑하며 살아가자.

27일째 묵상
근심하지 말자

오늘의 말씀 / 요 14:1-11

예수님은 제자들에게 자신이 십자가를 지시고 돌아가실 것과 사흘 만에 부활하실 것에 대하여 말씀하셨다. 제자들은 "예수님이 십자가를 지시고 돌아가시고 나면 그다음에는 어떻게 되는가?" 하는 생각에 근심하고 있었다. 예수님은 그들의 생각을 아시고, 근심하지 말라고 말씀하셨다. 예수님이 천국을 예비하시고, 다시 오셔서 우리를 천국으로 영접하신다는 것이다. 오늘 본문이 우리에게 주는 교훈은 무엇일까?

아무것도 근심하지 말라

근심하지 말고 예수님을 믿자. 예수님은 제자들에게 근심하지 말라고 말씀하셨다.

(요 14:1) 너희는 마음에 근심하지 말라 하나님을 믿으니 또 나를 믿으라

우리는 살아가면서 근심할 일들이 많이 있다. 그러나 예수님은 하나님을 믿으니, 또 나를 믿으라고 말씀하셨다. 예수님을 믿으면 근심 걱정을 예수님이 해결해 주시기 때문이다. 예수님은 우리에게 평안을 주신다.

(요 14:27) 평안을 너희에게 끼치노니 곧 나의 평안을 너희에게 주노라 내가 너희에게 주는 것은 세상이 주는 것과 같지 아니하니라 너희는 마음에 근심하지도 말고 두려워하지도 말라

예수님은 우리를 위하여 모든 것을 예비하고 계신다.

(요 14:2) 내 아버지 집에 거할 곳이 많도다 그렇지 않으면 너희에게 일렀으리라 내가 너희를 위하여 거처를 예비하러 가노니

예수님이 제자들에게 근심하지 말라고 하신 이유는 우리가 이 세상을 떠나고 나면 하늘나라에서 우리가 거할 곳을 예수님이 예비하시기 때문이다. 사람은 죽으면 그것으로 끝이 나는 것이 아니다. 그다음에는 영원의 세계가 있다. 예수님은 내 아버지의 집에 거할 곳이 많다고 말씀하셨다. 예수님은 세상을 떠나 우리가 거할 곳을 예비하러 가신다. 예수님은 모든 것을 예비하

신다. 예수님은 우리가 인생을 살아갈 때도 우리의 모든 것을 예비해 주셨다.

예수님은 다시 와서 우리를 영접하신다.

(요 14:3) 가서 너희를 위하여 거처를 예비하면 내가 다시 와서 너희를 내게로 영접하여 나 있는 곳에 너희도 있게 하리라

예수님은 하늘나라에 가셔서 거처를 예비하시면 다시 와서 예수님 계신 곳에 우리를 영접하여 우리도 그곳에 있게 해 주시겠다고 말씀하셨다. 우리를 천국으로 인도하시겠다는 것이다. 그곳에는 눈물이 없다. 그곳에는 병도 없다. 영원한 기쁨이 있는 곳이다. 그곳으로 우리를 인도하신다.

예수님은 하나님께로 가는 유일한 길이다

예수님은 천국으로 가는 유일한 길이다.

(요 14:6) 예수께서 이르시되 내가 곧 길이요 진리요 생명이니 나로 말미암지 않고는 아버지께로 올 자가 없느니라

예수님께서는 '내가 곧 길'이라고 말씀하셨다. 아버지께 가는 유일한 길이라는 것이다. 많은 길 중 하나의 길이 아니라 예수님은 하나님께로 갈 수 있는 유일한 길이다. 우리가 천국으로 갈 수 있는 유일한 길이다. 우리가 예수를 믿어야 할 이유가 여기 있다.

예수님은 진리이다. 예수님은 자신이 진리라고 말씀하셨다. 예수님은 이 땅에 우리에게 진리를 알려 주려고 오셨다. 우리는 복음서를 읽을 때마다 예수님이 우리에게 주시는 놀라운 진리를 발견하게 된다. 매일 말씀을 읽고, 묵상하며, 예수님의 진리를 따라서 살아가자.

예수님은 우리의 생명의 근원이다. 오늘도 예수님은 우리의 생명의 근원이 되신다. 예수님을 믿고 의지할 때 예수님은 우리에게 영생을 주신다. 우리는 날마다 예수님이 우리의 구원의 길이요, 진리요, 생명이라는 것을 알고 예수님 중심의 삶을 살아가자.

예수님을 믿으라

예수님을 본 사람은 하나님을 보았다.

(요 14:9) 예수께서 이르시되 빌립아 내가 이렇게 오래 너희와 함께 있으되 네가 나를 알지 못하느냐 나를 본 자는 아버지를 보았거늘 어찌하여 아버지를 보이라 하느냐

빌립은 예수님께 하나님 아버지를 보여 달라고 했다. 그러자 예수님은 "나를 본 자는 아버지를 보았다"라고 말씀하셨다. 그것은 예수님과 하나님은 하나라는 뜻이다. 예수님이 하나님 안에, 하나님이 예수님 안에 계신다.

(요 14:10) 내가 아버지 안에 거하고 아버지는 내 안에 계신 것을 네가 믿지 아니하느냐 내가 너희에게 이르는 말은 스스로 하는 것이 아니라 아버지께서 내 안에 계셔서 그의 일을 하시는 것이라

예수님은 자신이 아버지 안에 거하고, 아버지는 자신의 안에 거한다고 말씀하셨다.

예수님을 믿으면 우리도 큰일을 할 수 있다.

(요 14:12) 내가 진실로 진실로 너희에게 이르노니 나를 믿는 자는 내가 하는 일을 그도 할 것이요 또한 그보다 큰일도 하리니 이는 내가 아버지께로 감이라

예수님은 놀라운 약속을 하셨다. 예수님을 믿는 사람들은 예수님이 하는 일도 할 것이고, 또한 그보다 더 큰 일도 할 것이라는 것이다. 예수님이 예수를 믿는 사람들에게 그런 권능을 주셨기 때문이다.

예수님의 이름으로 기도하면 예수님이 행하신다.

(요 14:14) 내 이름으로 무엇이든지 내게 구하면 내가 행하리라

예수님은 우리가 기도할 때 그 기도에 응답해 주신다. 예수님은 우리에게 놀라운 선물을 주셨다. 우리는 매일 예수님이 주신 이 놀라운 기도 응답의 선물을 사용하자.

생각해 봅시다 ··

예수님의 제자들은 "예수님께서 십자가에서 돌아가시면 그다음에는 어떻게 되는 것일까?"라고 근심하고 있었다. 고민하는 제자들에게 예수님은 근심하지 말라고 말씀하셨다. 예수님은 천국에 가셔서 우리가 거할 곳을 준비하시겠다고 말씀하셨다. 우리가 세상을 떠나 천국으로 갈 때 예수님은 우리를 예수님이 계시는 천국으로 인도하실 것이라는 것이다. 우리는 살아가면서 여러 가지 문제로 고민하고 염려한다. 어떤 문제가 있든지 모든 문제를 예수님께 맡기고 기도하자. 오늘도 우리가 예수님의 이름으로 기도할 때 예수님은 우리의 기도에 응답해 주시고 놀라운 선물을 주신다.

다른 보혜사를 보내 주신다

오늘의 말씀 / 요 14:16-24

우리는 살아가면서 수많은 문제를 만난다. 그럴 때마다 우리는 자신이 얼마나 연약하고 부족한 존재인가를 깨닫게 된다. 그래서 예수님은 우리가 이 세상을 살아갈 때 우리를 고아와 같이 버려두지 않으시고, 우리에게 성령을 보내 주시겠다고 말씀하셨다. 우리가 보혜사 성령과 동행하는 삶을 살아갈 때 권능을 받고, 귀신을 쫓아내고, 병든 자를 고치고, 땅끝까지 복음을 전하며 예수님의 증인의 삶을 살 수 있게 해 주시는 것이다. 오늘 본문의 말씀을 통하여 우리에게 주시는 진리의 말씀은 무엇일까?

하나님 아버지는 우리에게 보혜사 성령을 보내신다

하나님은 우리에게 또 다른 보혜사를 보내신다.

(요 14:16) 내가 아버지께 구하겠으니 그가 또 다른 보혜사를 너희에게 주사 영원토록 너희와 함께 있게 하리니

이 '다른 보혜사'란 말에서 '다른'이란 단어는 '알로스'라는 말로, 100원짜리 동전이 두 개가 있을 때 두 개의 동전이 똑같지만 A라는 동전과 B라는 동전은 다른 동전이라고 할 때 사용하는 단어이다. 예수님과 성령님의 성품과 능력은 같으나, 서로 다른 분이기 때문에 성령을 다른 보혜사라고 하는 것이다. 그래서 예수님이 첫 번째 보혜사이시고, 성령은 두 번째 보혜사이신 것이다.

성령은 창조의 영이시다. 성령은 하나님이 천지를 창조하실 때 수면 위에 운행하시며 창조의 세계를 품고 계셨다.

(창 1:2) 땅이 혼돈하고 공허하며 흑암이 깊음 위에 있고 하나님의 영은 수면 위에 운행하시니라

성령은 우리 곁에 계시면서 우리를 변호해 주시고, 상담해 주시고, 도와주신다.

성령은 우리와 함께하시고, 우리 속에 계신다. 예수님이 보내신 성령은 이 땅에 오셔서 우리를 떠나지 않으시고, 영원히 함께

하신다.

> (요 14:17) 그는 진리의 영이라 세상은 능히 그를 받지 못하나니 이는 그를 보지도 못하고 알지도 못함이라 그러나 너희는 그를 아나니 그는 너희와 함께 거하심이요 또 너희 속에 계시겠음이라

놀라운 것은 성령이 우리와 함께 거하시고, 우리 속에 계신다는 점이다. 성령은 영이시니 우리의 눈에 보이지 않는다. 그러나 구하는 사람에게 성령은 함께하시고, 그 속에 계신다는 것이다.

성령은 우리에게 가르쳐 주신다

성령은 가르쳐 주신다.

> (요 14:26) 보혜사 곧 아버지께서 내 이름으로 보내실 성령 그가 너희에게 모든 것을 가르치고 내가 너희에게 말한 모든 것을 생각나게 하리라

성령은 우리에게 모든 것을 가르쳐 주신다. 우리가 성경을 읽고 묵상할 때 성령이 오셔서 우리에게 그 말씀을 깨닫게 하시고 가르쳐 주신다. 우리가 성경을 읽고 말씀을 묵상하면서 잘 모르

는 부분이 있을 때 "성령님, 이 말씀의 뜻을 가르쳐 주세요"라고 기도하면 성령께서 그 말씀을 깨닫게 해 주신다. 나는 성경 말씀을 읽고 묵상하면서, "성령님, 이 말씀이 무슨 뜻이지요?"라고 질문을 한다. 그럴 때 성령께서 깨닫게 하신다.

성령은 말씀이 생각나게 하신다. 우리가 성경을 읽고 묵상할 때 성령은 우리에게 말씀의 의미를 가르쳐 주시고, 예수님이 가르쳐 주신 것을 생각나게 해 주신다. 그래서 우리는 매일 성경을 읽고 묵상하며, 성령이 주시는 가르침에 귀를 기울여야 한다.

성령은 예수님에 대하여 증언하신다.

(요 15:26) 내가 아버지께로부터 너희에게 보낼 보혜사 곧 아버지께로부터 나오시는 진리의 성령이 오실 때에 그가 나를 증언하실 것이요

우리가 성령을 의지하고 복음을 전할 때 성령은 예수 그리스도를 증언하신다. 전도는 내가 하지만, 그 가운데 역사하시는 분은 성령이시다. 성령이 깨닫게 하시고 예수님에 대하여 증언하신다. 그러니 우리는 성령을 의지하고 복음을 전해야 한다.

성령은 우리를 인도하신다

성령은 우리를 진리 가운데로 인도하신다.

(요 16:13) 그러나 진리의 성령이 오시면 그가 너희를 모든 진리 가운데로 인도하시리니 그가 스스로 말하지 않고 오직 들은 것을 말하며 장래 일을 너희에게 알리시리라

오늘 본문에 보면 성령을 진리의 성령이라고 말씀하고 있다. 성령은 우리를 진리 가운데로 인도하신다. 예수님은 이 땅에 계실 때 스스로의 이야기를 하지 않았다. 아버지의 말을 듣고 아버지의 말을 전했다. 성령도 같다. 성령은 스스로 말하지 않고 하나님 아버지의 말을 전하며, 장차 우리에게 있을 일을 알려 주신다. 성령이 오실 때, 때로 우리에게 예언의 은혜를 주시는 것을 볼 수 있다.

성령은 우리를 위하여 기도하신다.

(롬 8:27) 마음을 살피시는 이가 성령의 생각을 아시나니 이는 성령이 하나님의 뜻대로 성도를 위하여 간구하심이니라

성령이 우리 가운데 오실 때 우리의 연약함을 도와주시고, 우리를 위하여 간구해 주신다. 성령은 우리를 열매와 은사의 자리로 인도하신다. 성령은 우리에게 열매를 맺게 하신다. 성령의 열매는 나의 인격적인 변화와 성숙과 연결되어 있다.

예수님을 믿으면서 우리는 매일 이와 같이 인격적인 변화를 이루어야 한다. 이것이 예수님을 닮아 가는 것이다. 우리는 매일 성령을 의지하고, 성령의 열매를 맺어 가는 삶을 살아야 한다. 매일 성경을 읽고 묵상하며, 기도하며, 성령의 열매를 맺어 가자. 성령은 우리에게 은사를 주신다. 하나님이 주시는 모든 은사는 교회의 몸을 세우기 위한 것이다. 나를 위한 은사가 아니라, 다른 사람에게 봉사하고 섬기라고 주시는 은사라는 것을 잊지 말아야 한다. 우리가 이와 같이 성령으로 충만할 때 열매를 맺게 되고 은사를 받게 되어 하나님의 나라를 확장하고, 잘 섬길 수 있게 되는 것이다.

생각해 봅시다 ·····································

예수님은 우리에게 보혜사이신 성령을 보내 주시겠다고 약속하셨다. 성령이 오시면 성령께서 우리와 함께하심으로 열매 맺는 삶을 살게 해 주시고, 증인의 삶을 살게 해 주신다. 예수님의 제자들은 예수님이 약속하신 성령을 기다렸다. 성령이 그들에게 임하자 그들은 권능을 받고 담대하게 복음을 전하였다. 오늘 우리도 예수님이 보내 주신다고 약속하신 보혜사 성령을 사모하고, 성령의 충만을 받기 위해서 기도하자.

5장

우리의 왕이신 예수님

예수님 안에 거하자

오늘의 말씀 / 요 15:1-8

예수님은 말씀하시기를 하나님은 농부이시고, 예수님은 포도나무이고, 우리는 가지라고 했다. 포도나무 가지에서 포도 열매가 맺히듯이 우리도 열매를 맺어야 한다고 말씀하셨다. 우리가 이 세상에 좋은 열매를 맺으려면 어떻게 해야 할까? 오늘 본문의 말씀을 통하여 우리에게 주시는 교훈은 무엇일까?

예수님 안에 거할 때 좋은 열매를 맺는다

하나님은 우리가 좋은 열매를 맺기 원하신다. 마트에 가면 우리는 수많은 과일을 볼 수 있다. 사람들은 과일을 고를 때 그 과일이 얼마나 달고 맛이 있는가를 살펴본다. 우리가 달고 맛이 있는 과일을 찾는 것처럼, 하나님도 우리가 좋은 열매를 맺기를 원하신다.

> (마 7:17-18) [17] 이와 같이 좋은 나무마다 아름다운 열매를 맺고 못된 나무가 나쁜 열매를 맺나니 [18] 좋은 나무가 나쁜 열매를 맺을 수 없고 못된 나무가 아름다운 열매를 맺을 수 없느니라

아름다운 열매를 맺지 않으면 결국은 불에 던져져 땔감이 된다. 그러지 않기 위해서 우리는 좋은 열매를 맺는 나무가 되어야 한다.

> (마 7:19) 아름다운 열매를 맺지 아니하는 나무마다 찍혀 불에 던져지느니라

포도 열매가 사람들에게 기쁨을 주는 것처럼 우리는 기쁨의 열매를 맺어야 한다. 우리가 좋은 열매를 맺기 위해서는 잔가지를 깨끗하게 해야 한다. 나무에 잔가지가 너무 많으면 그리로 양분이 다 빼앗겨서 좋은 포도를 맺지 못한다. 그래서 농부는 잔가지를 깨끗하게 하여, 포도나무 가지에 좋은 포도가 집중해서 좋은 열매를 맺도록 신경을 쓴다.

우리는 날마다 자신을 돌아보고 자신을 깨끗하게 해야 한다. 나는 지금 제대로 살아가고 있는가? 우리는 자신의 모든 죄와 허물을 회개하고, 우리의 마음속에 솟아나는 염려, 걱정, 근심,

욕심 등의 잔가지를 제하여 좋은 열매를 맺어야 한다.

날마다 말씀을 읽고 묵상하며 자신을 돌아보고 회개하자.

(요 15:3) 너희는 내가 일러준 말로 이미 깨끗하여졌으니

예수님의 제자들은 예수님이 주신 말씀을 듣고, 그 말씀을 자신의 삶에 적용하여 자신을 깨끗하게 할 수 있었다. 오늘도 우리가 할 일은 하나님의 말씀을 매일 묵상하고, 그 말씀을 따라서 살고, 회개하여 자신을 깨끗하게 하는 것이다.

예수님 안에 거할 때 우리는 무엇이든지 할 수 있다

(요 15:5) 나는 포도나무요 너희는 가지라 그가 내 안에, 내가 그 안에 거하면 사람이 열매를 많이 맺나니 나를 떠나서는 너희가 아무것도 할 수 없음이라

예수님 안에 거하자. 예수님 안에 거하기 위해서 우리는 늘 수시로 하나님께 나아가 기도해야 한다. 예수님도 늘 기도하셨다.

(막 1:35) 새벽 아직도 밝기 전에 예수께서 일어나 나가 한적한 곳으로 가

사 거기서 기도하시더니

예수님께서 하나님께 나아가 기도하고 교제하신 것같이 우리
도 기도로 예수님께 나아가야 한다. 우리가 예수님께 기도할 때
예수님은 우리와 함께하시고 그 기도에 응답해 주신다. 예수의
이름으로 구하면 놀라운 기석을 선물로 주신다.

예수님께 붙어 있어야 한다. 예수님 안에 거한다는 것은 예수
님께 붙어 있는 것이다. 포도나무에 가지가 붙어 있을 때 포도
나무의 뿌리에서 올라오는 수액과 양분을 공급받을 수 있다. 오
늘 우리는 매일 예수님께 붙어 있어야 한다.

내 생각과 뜻대로 살지 말고, 예수님의 인도하심을 따라가야
한다. 이스라엘 백성들이 광야에서 40년 동안 매일 먹고, 마시
고, 모든 것을 공급받을 수 있었던 것은 구름기둥, 불기둥으로
인도하시는 하나님의 인도하심을 따랐기 때문이다. 믿음의 주
요, 온전케 하시는 예수님을 바라보아야 한다. 우리의 시선을
늘 예수님께 고정해야 한다.

예수님과 함께라면 무엇이든지 할 수 있다. 예수님을 떠나서
는 우리는 아무것도 할 수 없고, 예수님과 함께하면 우리는 무엇
이든지 할 수 있다. 우리가 열매 맺을 수 있는 이유는 포도나무
되시는 예수님께 붙어 있기 때문이다. 뿌리에서 올려오는 양분
을 포도나무가 가지에 공급해 주기 때문에 포도나무 가지는 열

매를 맺을 수 있다. 우리는 예수님이 우리와 함께하실 때 많은 열매를 맺을 수 있음을 알고 예수님과 늘 동행하는 삶을 살아야 한다.

예수님 안에 거할 때 기도의 응답이 있다

나는 지금 어디에 있는지 살펴보자. 나는 예수님 안에 있는 가?

(요 15:7) 너희가 내 안에 거하고 내 말이 너희 안에 거하면 무엇이든지 원하는 대로 구하라 그리하면 이루리라

예수님은 우리가 기도의 응답을 받는 중요한 조건에 대하여 말씀하셨다. 우리가 무조건 기도한다고 그 기도가 응답이 되는 것이 아니다. 먼저 우리가 예수님 안에 거하고, 주님의 말씀이 우리 안에 거해야 하는 것이다. 그렇게 우리가 구하면 그것을 이루어 주신다는 것이다. 기도하기 전에 먼저 우리가 예수님 안에 거하고 있는가를 점검해 보아야 한다. 오늘 우리는 어디에 있는가? 예수님 안에 있는가? 그렇다면 우리의 기도를 주님이 들어 주신다.

매일 주님의 말씀을 따라서 살고 있는지 점검하라. 예수님은

주님의 말씀이 우리 안에 거할 때 우리의 기도에 응답하신다고 말씀하셨다. 중요한 것은 주님의 말씀이 우리 안에 있는가 하는 것이다. 매일 주님의 말씀에 순종하고, 주님의 말씀 중심으로 살아갈 때 하나님은 우리에게 기적을 베풀어 주신다.

생각해 봅시다

우리는 예수님 안에 거해야 한다. 우리가 예수님 안에 거할 때 좋은 열매를 맺을 수 있고, 우리가 예수님 안에 거할 때 무엇이든지 할 수 있으며, 우리가 예수님 안에 거할 때 기도의 응답을 받을 수 있기 때문이다. 우리는 매일 우리가 어디에 있는지 점검해 보아야 한다. 오늘도 우리는 예수님 안에 거함으로 좋은 열매를 맺자.

회복

30일째 묵상

예수님의 사랑 안에 거하자

오늘의 말씀 / 요 15:9-17

하나님은 온 우주와 만물을 창조하시면서 중요한 법칙을 만드셨다. 그것은 온 우주와 만물이 사랑 안에서 살라는 것이다. 우주와 만물이 하나님을 사랑하며, 예배하고, 서로를 사랑하고 살아갈 때 모두가 행복해지고 복된 삶을 살게 된다는 것이다. 오늘 본문의 말씀을 통하여 우리에게 주시는 교훈은 무엇일까?

하나님은 사랑의 근원이시다

하나님은 세상을 사랑으로 창조하셨다. 세상은 참으로 아름답다. 산에 올라가서 좌우를 돌아보라. 아름다운 꽃, 싱그러운 바람, 모든 것이 아름답다. 세상이 이렇게 아름다운 이유는 하나님이 세상을 사랑으로 지으셨기 때문이다. 하나님은 사랑이시고, 모든 사랑의 출발점이 되신다.

> (요일 4:16) 하나님이 우리를 사랑하시는 사랑을 우리가 알고 믿었노니 하나님은 사랑이시라 사랑 안에 거하는 자는 하나님 안에 거하고 하나님도 그의 안에 거하시느니라

사랑의 하나님이 세상의 모든 만물을 아름답게 지으셨고, 세상의 모든 만물 안에 아름다움을 넣어 주셨다. 그래서 우리는 세상의 만물을 바라볼 때 감동을 받게 되는 것이다.

하나님은 인간을 사랑으로 만드셨다.

> (창 1:28) 하나님이 그들에게 복을 주시며 하나님이 그들에게 이르시되 생육하고 번성하여 땅에 충만하라, 땅을 정복하라, 바다의 물고기와 하늘의 새와 땅에 움직이는 모든 생물을 다스리라 하시니라

사랑으로 세상을 창조하신 하나님은 인간도 사랑으로 창조하셨다. 그리고 그들에게 복을 주셨다. 하나님은 그들이 생육하고 번성하여 땅에 충만함으로, 행복하고 기쁨과 평안 속에서 살기를 원하셨다. 하나님은 사람들이 하나님을 사랑하고 이웃을 사랑하며 살라고 말씀하셨다.

마귀는 인간에게 하나님의 사랑에 대한 의심을 넣어 주었다. 의심은 관계를 깨뜨린다. 마귀는 인간이 하나님과의 관계를 깨뜨리게 하기 위해서 아담과 하와가 하나님을 의심하게 만들었다.

(창 2:17) 선악을 알게 하는 나무의 열매는 먹지 말라 네가 먹는 날에는 반드시 죽으리라 하시니라

마귀는 아담과 하와에게 선악을 알게 하는 과일을 먹어도 죽지 않으며 하나님처럼 지혜로워진다고 말했다. 마귀는 아담과 하와를 향한 하나님의 사랑에 의심을 갖게 한 것이다. 아담과 하와는 뱀의 말을 믿었다. 그래서 결국 하나님의 은혜에서 떨어지게 되었고, 하나님과의 관계가 깨어지고, 에덴동산에서 쫓겨나게 되었다. 그 이후에 인간들은 가난과 저주 가운데 살게 되었고, 미워하고, 분노하며, 두려움 속에서 살게 되었다. 하나님과의 깨어진 관계를 회복하기 위해서 우리에게 필요한 것은 하나님과의 사랑을 회복하는 것이다.

잃어버린 하나님의 사랑을 회복하라

하나님은 예수님을 통하여 사랑을 회복시켜 주셨다. 하나님의 사랑을 잃어버리고, 가난과 저주 가운데 살고, 미움과 분노와 두려움 속에서 살아가는 인간들을 불쌍히 여기셔서 하나님은 인간들에게 회복의 은혜를 베풀어 주시기 원하셨다. 하나님은 그의 아들 예수님을 이 세상에 보내셔서, 누구든지 예수님을 자신의 구주로 믿고 주님으로 고백하면 잃어버린 사랑이 회복되고, 가난과 저주가 떠나고, 복된 삶을 살게 해 주신다.

(요 3:16) 하나님이 세상을 이처럼 사랑하사 독생자를 주셨으니 이는 그를 믿는 자마다 멸망하지 않고 영생을 얻게 하려 하심이라

하나님은 누구든지 예수를 믿으면 하나님과 관계가 회복되어 멸망하지 않고, 영생을 얻는 삶을 살게 해 주셨다.

예수님은 우리를 사랑하신다. 예수님은 이 세상에 오셔서 십자가를 지시고 죽으시는 희생을 통하여 하나님이 우리를 얼마나 사랑하시는지 그 사랑을 알게 해 주셨다. 우리는 예수님의 십자가 희생을 통하여 하나님의 놀라운 사랑을 깨닫게 되어, 우리도 이제 그 사랑을 실천하며 살 수 있는 힘을 얻게 되었다. 오늘 우리도 예수님의 사랑 안에 거함으로 주님의 주시는 기쁨과 평안 속에서 살아가자. 우리도 예수님의 사랑 안에 거하자.

(요 15:10) 내가 아버지의 계명을 지켜 그의 사랑 안에 거하는 것같이 너

희도 내 계명을 지키면 내 사랑 안에 거하리라

예수님은 예수님의 사랑 안에 거할 수 있는 방법을 말씀하셨다. 계명을 지키는 것이다. 누군가를 사랑한다는 것은 그 상대의 말을 듣는 것이다. 누군가를 사랑한다고 하면서 그 상대의 말을 듣지 않고 무시하는 것은 그를 사랑하는 것이 아니다.

그래서 예수님은 자신이 하나님을 사랑함으로 하나님의 말씀에 순종했던 것처럼, 우리도 예수님의 말씀을 듣고, 그 말씀에 순종해야 한다는 것이다. 우리도 예수님의 계명을 지키며 주님의 사랑 안에 거하며 살아가자.

예수님이 우리를 먼저 선택하셨다

예수님이 우리를 선택하셨다.

(요 15:16) 너희가 나를 택한 것이 아니요 내가 너희를 택하여 세웠나니 이는 너희로 가서 열매를 맺게 하고 또 너희 열매가 항상 있게 하여 내 이름으로 아버지께 무엇을 구하든지 다 받게 하려 함이라

우리가 예수님을 나의 주님으로 선택하여 주님을 믿게 된 것이 아니다. 예수님이 우리를 택하여 그의 백성으로 삼아 주시고 우리를 부르셨다. 왜 우리를 택하여 주셨나? 우리에게 열매를 맺게 하시기 위함이다.

하나님은 우리가 예수님의 이름으로 구할 때 응답을 주신다. 우리는 놀라운 선물을 받았다. 우리가 예수님의 이름으로 구할 때 무엇을 구하든지 다 받게 해 주시겠다는 것이다. 기도하면 응답을 주신다는 것이다.

우리는 인생을 살아가면서 많은 문제를 만난다. 그러나 어떤 문제를 만나도 우리는 기도할 수 있다. 기도하면 주님이 우리의 기도에 응답하시고 기적을 베풀어 주신다.

생각해 봅시다

하나님은 우리가 하나님의 사랑 가운데 살기를 원하신다. 그러나 인간은 마귀의 유혹에 넘어가 하나님의 사랑을 잃어버리고 가난과 저주와 질병 가운데 살았다. 사랑의 하나님은 그의 독생자 예수님을 이 세상에 보내셔서 우리의 죄를 대신하여 십자가에서 죽고 부활하게 하심으로 잃어버린 하나님의 사랑을 우리에게 회복시켜 주셨다. 이제 우리는 회복된 하나님의 사랑 안에서 살아가는 사람이 되었다. 매일 하나님과 사랑의 교제를 나누고 이웃들과도 사랑을 나누며 살아가는, 열매 맺는 삶을 살아가자.

31일째 묵상
성령님을 보내시는 예수님

오늘의 말씀 / 요 16:5-15

우리는 살아가면서 위기를 만난다. 물질의 문제가 생기기도 하고, 가정의 문제가 생기기도 하고, 질병의 문제를 만나기도 한다. 그런 위기를 만날 때 우리는 당황하게 된다. 그러나 예수를 믿는 사람들에게 하나님은 놀라운 선물을 주셨다. 그것은 우리에게 성령을 보내 주신 것이다. 성령은 우리에게 오셔서 늘 우리와 동행하시고, 우리를 도와주신다. 오늘 본문을 통하여 우리에게 주시는 진리의 말씀은 무엇일까?

성령은 우리에게 권능을 주신다

예수님은 성령을 보내신다고 약속하셨다. 예수님이 십자가를 지시고 돌아가실 것이라고 말씀하셨을 때 제자들을 큰 충격을 받았다. 그러나 예수님은 자신이 떠나가시는 것이 제자들에게 유익이라고 말했다. 예수님이 떠나시면서 예수님은 성령을 제자들에게 보낼 것이기 때문이다. 성령이 오셔서 제자들과 함께 하시며, 이 세상에서 예수님이 하셨던 모든 사역을 하실 것이기 때문이다.

성령이 오시면 성령은 우리에게 권능을 주신다. 성령은 마귀에 눌린 사람을 자유케 하신다. 예수님에게도 하나님께서 성령을 기름 붓듯 하실 때 선한 일을 행하시고 마귀에 눌린 모든 사람을 고치셨다. 예수님은 성령을 보내셔서 이 권능을 제자들에게도 주셨다.

> (행 10:38) 하나님이 나사렛 예수에게 성령과 능력을 기름 붓듯 하셨으매 그가 두루 다니시며 선한 일을 행하시고 마귀에게 눌린 모든 사람을 고치셨으니 이는 하나님이 함께 하셨음이라

성령은 우리가 담대하게 복음을 전할 수 있는 권능을 주신다.

> (행 1:8) 오직 성령이 너희에게 임하시면 너희가 권능을 받고 예루살렘과 온 유대와 사마리아와 땅끝까지 이르러 내 증인이 되리라 하시니라

예수님은 성령을 보내셔서 우리와 함께하게 하시고, 우리에

게 권능을 주신다. 오늘도 성령을 환영하고, 인정하고, 모셔드리며 살아가자. 성령이 도와주신다.

성령은 책망하신다

(요 16:8) 그가 와서 죄에 대하여, 의에 대하여, 심판에 대하여 세상을 책망하시리라

성령은 죄에 대하여 책망하신다.

(요 16:9) 죄에 대하여라 함은 그들이 나를 믿지 아니함이요

성령의 역할 중에 가장 중요한 것은 사람들이 죄인이라는 것을 깨닫게 하는 것이다. 우리가 복음을 전할 때 성령은 사람들의 마음속에 놀라운 변화를 일으킨다. 그것이 자신이 죄인이라는 사실을 깨닫게 하는 것이다. 무엇보다도 우리가 예수를 주님으로 믿고 살지 않은 것이 죄라는 것을 깨닫게 한다. 그래서 우리는 성령을 의지하여 복음을 전해야 한다. 복음을 전할 때 성령께서 사람들의 마음속에 죄를 깨닫게 하시고, 예수님을 믿도록 하시기 때문이다.

성령은 의에 대하여 책망하신다.

(요 16:10) 의에 대하여라 함은 내가 아버지께로 가니 너희가 다시 나를 보지 못함이요

당시의 제사장들과 바리새인들과 같은 종교지도자들은 예수님이 하나님의 아들이 아니면서 하나님의 아들이라고 거짓말을 하고 있다고 생각했다. 그러나 예수님은 십자가에서 죽은 지 사흘 만에 부활하심으로 예수님이 하나님의 아들이시며 의로우신 분이심을 드러냈다. 성령은 예수님이 부활하시고 승천하심으로 의로우신 분이심을 증거하셨다. 예수님이 거짓말쟁이였다면 부활하지 못하셨을 것이요, 예수님이 죄인이라면 승천하지 못했을 것이다. 그러나 예수님은 부활 승천하심으로 예수님이 주장한 모든 것이 사실이요, 예수님은 죄인이 아니요, 하나님의 아들이요, 의인이라는 것을 성령께서 증명하셨다.

성령은 심판에 대하여 책망하신다.

(요 16:11) 심판에 대하여라 함은 이 세상 임금이 심판을 받았음이라

성령은 이 세상의 임금이 심판을 받았음을 증거한다. 이 세상 임금이 누구인가? 이 세상의 공중 권세를 잡은 사탄을 의미한다. 예수님이 십자가에서 못 박히는 순간 사탄은 심판을 받았다. 창세기 3장 15절에 보면 "여자의 후손이 뱀의 머리를 상하게 하고, 뱀은 여자의 후손의 발꿈치를 상하게 할 것이라고 하나님께서 말씀하셨다. 여기서 나오는 여자의 후손은 예수 그리스도를 의미한다. 예수님은 십자가에서 "내가 다 이루었다"라고 말씀하셔서 예수님이 이 세상에 오셔서 계획하신 모든 일들을 다 이루셨음을 선포하였다. 사탄은 예수님이 십자가를 짊어지신 순간 이미 심판을 받았다. 사탄은 힘을 잃은 종이 호랑이 같은 존재이다. 이제 마귀는 예수님의 보혈을 의지하는 사람들에게 아무런 권세가 없다.

(약 4:7) 그런즉 너희는 하나님께 복종할지어다 마귀를 대적하라 그리하면 너희를 피하리라

사탄은 이미 심판을 받고 패배한 존재이므로 사탄을 두려워 말고 사탄을 대적하고, 성령을 의지하고 살아가자.

성령은 우리를 인도하신다

성령은 우리를 진리 가운데로 인도하신다.

(요 16:13) 그러나 진리의 성령이 오시면 그가 너희를 모든 진리 가운데로 인도하시리니 그가 스스로 말하지 않고 오직 들은 것을 말하며 장래 일을 너희에게 알리시리라

성령은 우리에게 오셔서 순간마다 우리를 인도해 주신다. 성령은 예수님께서도 하나님 아버지의 말씀에 귀를 기울이고, 들은 것을 전해 주신 것처럼, 성령께서도 오직 들은 것을 말해 주시고, 장래 일을 알려 주신다.

성령은 예수님의 영광을 나타내신다

(요 16:14) 그가 내 영광을 나타내리니 내 것을 가지고 너희에게 알리시겠음이라

성령의 목적은 예수님의 영광을 나타내는 것이다. 예수님이 하나님의 영광을 나타냈듯이 성령은 예수님에게 초점을 맞추시고 예수님의 영광을 나타내신다. 성령은 예수님이 가르쳐 주신 모든 것을 기억나게 하시고, 알려 주신다. 오늘도 예수님은 우리에게 성령을 보내신다. 성령은 오늘도 우리 가운데 역사하시며 우리가 예수 그리스도에게 영광을 돌리도록 하신다. 매일매일 성령과 동행하며 예수 그리스도께 영광을 돌리며 살아가자.

32일째 묵상

세상을 이기었다

오늘의 말씀 / 요 16:25-33

예수님은 자신이 하나님께로 돌아갈 것이라고 말씀하셨다. 제자들은 예수님이 잡혀가실 때 모두 뿔뿔이 흩어질 것이지만, 하나님은 예수님을 버리지 않으시고 그와 함께하실 것이라고 말씀하셨다. 예수님은 제자들에게 위기의 순간이 다가와도 담대함을 잃지 말고 평안하라고 말씀하셨다. 예수님이 세상을 이기셨기 때문이다. 오늘 본문의 말씀을 통해서 우리에게 주시는 진리의 말씀은 무엇일까?

예수님은 하나님에게서 나와 세상에 오셨다

예수님은 하나님으로부터 오셨다.

(요 16:28) 내가 아버지에게서 나와 세상에 왔고 다시 세상을 떠나 아버지께로 가노라 하시니

예수님은 잃어버린 영혼들을 구원하려고 하나님 아버지를 떠나 이 세상에 오셨다. 예수님은 자신의 목숨을 내어 주심으로 온 인류를 구원하셨다. 이 세상에서 예수님의 사명이 끝나면 다시 하나님 아버지께로 돌아가게 될 것이다. 예수님이 승천하신 것은 예수님이 이 땅에 오신 사명을 완수했다는 것을 알 수 있다.

예수님은 우리에게 하나님께 직접 기도할 수 있는 권세를 주셨다.

(요 16:26) 그날에 너희가 내 이름으로 구할 것이요 내가 너희를 위하여 아버지께 구하겠다 하는 말이 아니니

예수님은 이 세상에 오셔서 예수님을 믿는 사람들에게 놀라운 권세를 주셨다. 그것은 우리가 예수님의 이름으로 직접 하나님 아버지께 나아가 기도할 수 있는 권세를 주신 것이다. 우리는 어떤 문제나 어려움이 있어도 무엇이든지 예수 이름으로 기도할 수 있다. 우리가 예수의 이름으로 기도하면 하나님이 들으시고 응답해 주신다. 구하면 주신다. 날마다 구하고 하나님의

응답을 경험하고 살아가자.

예수님의 말씀은 모두 이루어진다

예수님은 믿음을 강조하신다.

(요 16:31) 예수께서 대답하시되 이제는 너희가 믿느냐

예수님 자신이 아버지에게서 나오신 것과, 자신이 아버지에게 돌아간다는 것을 알려 주었을 때 제자들은 예수님이 하나님의 아들이심을 믿게 되었다. 예수님은 제자들에게 이제는 너희가 믿느냐고 물으셨다. 예수님은 우리가 예수님을 하나님의 아들로 믿기를 원하신다. 우리가 예수님을 믿고, 예수님의 말씀을 믿을 때 우리의 삶에 놀라운 일이 일어난다.

예수를 믿을 때 죄 사함을 받고, 구원을 받고, 성령을 받고, 권능이 넘치는 삶을 살게 되며, 가난과 저주가 떠나가고, 아브라함의 복을 받고, 질병이 떠나고 고침을 받는다. 예수를 믿을 때 하나님의 나라의 백성이 된다. 예수를 믿을 때 우리는 권능이 있는 삶을 살게 되는 것이다.

때가 되면 제자들이 모두 흩어질 것이다.

(요 16:32) 보라 너희가 다 각각 제 곳으로 흩어지고 나를 혼자 둘 때가 오나니 벌써 왔도다 그러나 내가 혼자 있는 것이 아니라 아버지께서 나와 함께 계시느니라

예수님은 자신이 십자가를 지시는 때가 왔음을 제자들에게 말씀하셨다. 제자들이 모두 흩어지고 예수님은 혼자만 남을 것이다. 그러나 제자들은 예수님을 버려도 하나님은 예수님과 함께 계신다. 예수님은 어느 순간에도 혼자 계시지 않았다. 예수님은 늘 하나님 아버지와 함께하셨다. 예수님이 십자가를 지실 때 예수님은 혼자 계시지 않았다. 그 순간에도 하나님이 예수님과 함께하셨다.

우리도 예수를 믿을 때 하나님은 우리와 함께하시고, 우리의 피난처가 되시고, 우리의 방패가 되어 주신다. 그래서 어떤 위기가 다가와도 그 위기를 이길 수 있는 힘을 주신다. 살아가면서 우리에게 위기 자체가 없는 것이 아니라, 그 위기를 이길 수 있는 힘을 주신다. 모든 것이 합력하여 선을 이루게 하신다.

예수님은 세상을 이기셨다

예수님은 우리에게 평안을 주신다.

(요 16:33) 이것을 너희에게 이르는 것은 너희로 내 안에서 평안을 누리게 하려 함이라 세상에서는 너희가 환난을 당하나 담대하라 내가 세상을 이기었노라

예수님이 주시는 평안은 세상이 주는 것과 같지 않다.

(요 14:27) 평안을 너희에게 끼치노니 곧 나의 평안을 너희에게 주노라 내가 너희에게 주는 것은 세상이 주는 것과 같지 아니하니라 너희는 마음에 근심하지도 말고 두려워하지도 말라

예수님은 어떤 어려움이 다가와도 흔들리지 않는 평안을 가지고 계신다. 갈릴리 바다에서 풍랑을 만난 배에서 예수님은 주무셨다. 예수님은 항상 평안을 잃지 않으셨다. 예수님은 오늘 우리에게도 평안을 주기를 원하신다. 예수님은 말씀하신다. 마음에 근심하지 말라, 두려워하지 말라. 하나님이 우리와 동행하시는 것을 늘 잊지 말아야 한다.

환난을 당할 때 담대함을 잊지 말라. 예수님은 심문을 당하고 십자가의 죽음을 향하여 나갈 때도 담대함을 잊지 않으셨다. 어떻게 그렇게 담대함을 가지고 살 수 있었을까? 예수님은 매 순간 하나님을 바라보고 있었기 때문이다.

하나님이 우리와 함께하시니 두려워 말라.

(사 41:10) 두려워하지 말라 내가 너와 함께 함이라 놀라지 말라 나는 네
하나님이 됨이라 내가 너를 굳세게 하리라 참으로 너를 도와주리라 참으
로 나의 의로운 오른손으로 너를 붙들리라

우리가 두려워하지 말아야 할 이유는 어느 순간에도 하나님
이 우리와 함께하시기 때문이다. 오늘 우리도 하나님이 우리를
붙들고 계심을 믿고, 하나님이 주시는 힘을 받아 살아가자.

하나님이 우리를 떠나지 않으시니 담대하라.

(신 31:6) 너희는 강하고 담대하라 두려워하지 말라 그들 앞에서 떨지 말
라 이는 네 하나님 여호와 그가 너와 함께 가시며 결코 너를 떠나지 아니
하시며 버리지 아니하실 것임이라 하고

모세는 이스라엘 백성들에게 두려워하지 말라고 말했다. 하
나님은 우리가 어디를 가든지 우리와 함께하시기 때문이다. 하
나님은 결코 우리를 떠나지 않으신다. 하나님은 우리를 버리지
않으신다. 그러니 담대한 마음을 가지고 살아가자.

하나님이 우리를 위하여 싸워 주시니 담대하라.

(수 10:25) 여호수아가 그들에게 이르되 두려워하지 말며 놀라지 말고 강하고 담대하라 너희가 맞서서 싸우는 모든 대적에게 여호와께서 다 이와 같이 하시리라 하고

여호수아는 두려워하는 이스라엘 백성들에게 두려워하지 말고, 놀라지 말라고 말했다. 오늘도 하나님은 우리를 위해 싸워 주신다.

생각해 봅시다

예수님은 우리의 모든 죄를 짊어지시고 십자가에서 죽으시고 부활하심으로 우리의 모든 죄를 용서해 주시고, 구원을 이루어 주셨다. 예수님은 제자들에게 평안을 잃지 말고 환난을 당해도 담대하라고 말씀하셨다. 오늘 우리도 위기를 만날지라도 담대하자. 마음의 평안을 잃지 말자. 예수님이 세상을 이기셨으니 우리도 세상을 이기며 살아가자.

회복

하나님께서 주시는 놀라운 권세

오늘의 말씀 / 요 17:1-8

예수님은 어떻게 기도하셨을까 하는 의문을 가질 때가 있다. 예수님이 주기도문은 가르쳐 주셨으나, 다른 기도는 어떻게 하셨을까 하는 의문이 있다. 요한복음 17장을 읽어보면 예수님께서 하나님께 기도하신 내용이 나온다. 예수님은 하나님 아버지께 나아가 마음을 다하여 기도하고 있는 것을 볼 수 있다. 예수님은 곧 십자가를 지실 것이며, 돌아가신 지 사흘 만에 부활하셔서 하나님이 예수님께 영광을 나타내 주실 것을 알고 기도하셨다. 오늘 본문의 말씀을 통하여 예수님이 우리에게 주시는 교훈은 무엇일까?

하나님은 만민을 다스리는 권세를 예수님께 주셨다

하나님은 예수님께 권세를 주셨다.

(요 17:2) 아버지께서 아들에게 주신 모든 사람에게 영생을 주게 하시려고 만민을 다스리는 권세를 아들에게 주셨음이로소이다

하나님은 예수님에게 만민을 다스리는 권세를 주셨다. 그 이유는 예수님께서 그 권세를 통하여 하나님께서 예수님께 주신 모든 사람들에게 영생을 주시기 원했기 때문이다. 예수님은 하나님께서 주신 그 권세를 사용하셔서서 수많은 사람들에게 하나님의 나라를 나타내 보여 주셨다. 귀신을 쫓아내시고, 병든 자를 고치시고, 하나님의 나라의 복음을 전해 주심으로 수많은 사람들이 예수님을 믿고 영접하여 구원을 받게 되었다.

예수님은 하나님이 주신 권세를 우리에게도 주셨다. 예수님은 하나님이 주신 놀라운 권세를 예수 믿는 사람들에게도 나누어 주셨다. 그래서 우리가 예수를 믿고 살아갈 때 놀라운 권세를 경험하게 된다.

(막 16:17-18) [17] 믿는 자들에게는 이런 표적이 따르리니 곧 그들이 내 이름으로 귀신을 쫓아내며 새 방언을 말하며 [18] 뱀을 집어올리며 무슨

독을 마실지라도 해를 받지 아니하며 병든 사람에게 손을 얹은즉 나으리라 하시더라

예수를 믿는 사람에게는 귀신을 쫓아내고, 새 방언을 말하며, 병든 사람에게 손을 얹으면 낫는 권세를 주셨다. 왜 예수님은 이런 권세를 예수를 믿는 사람들에게 주신 것일까? 그 이유는 우리가 예수의 이름으로 귀신에 사로잡혀 고통받는 사람들에게 자유를 베풀어 주고, 눌린 사람을 자유케 하며, 하나님의 은혜를 전파하라는 것이다. 오늘 우리도 매일 예수님이 우리에게 주신 이 놀라운 권세를 사용하여, 많은 영혼들을 하나님께 인도하는 삶을 살아가자.

하나님은 우리가 하나님을 알기를 원하신다

하나님을 깊이 알자.

(요 17:3) 영생은 곧 유일하신 참 하나님과 그가 보내신 자 예수 그리스도를 아는 것이니이다

영생을 가진 사람은 유일하신 참 하나님과 그가 보내신 예수 그리스도를 아는 사람이다. 신약성경의 헬라어로 '안다'라는 말

은 그냥 피상적으로 아는 것이 아니라, 인격적인 깊은 만남을 통하여 아는 것을 말한다. 영생을 가진 사람은 하나님과 예수 그리스도를 깊이 만나 인격적으로 깊은 관계를 가지고 사는 사람이다. 예수님도 하나님과 깊은 인격적인 친밀함을 가지고 계셨다. 예수님은 언제든지 하나님께 나아가 기도했다. 사랑하는 사람을 만나는 것은 즐겁다. 예수님은 사랑하는 하나님께 나아가 기쁨으로 대화를 나눈 것이다.

(호 6:3) 그러므로 우리가 여호와를 알자 힘써 여호와를 알자 그의 나타나심은 새벽 빛같이 어김없나니 비와 같이, 땅을 적시는 늦은 비와 같이 우리에게 임하시리라 하니라

우리도 매일 기도하고, 말씀을 읽고, 묵상하며, 예수님과 하나님을 힘써 알아가자. 하나님을 아는 사람에게 하나님은 같이하신다.

하나님이 맡기신 일을 이루며 살자.

(요 17:4) 아버지께서 내게 하라고 주신 일을 내가 이루어 아버지를 이 세상에서 영화롭게 하였사오니

예수님은 이 세상에 오셔서 하나님이 주신 복음을 전하고 영혼을 구원하는 일을 위하여 최선을 다하셨다. 사람들에게 복음을 전하여 그들이 하나님을 믿고 돌아올 때 예수님은 기뻐하셨다. 그것이 하나님을 영화롭게 하였기 때문이다. 하나님은 우리에게도 이 사역을 맡겨 주셨다. 예수님이 하셨던 영혼 구원의 사역, 우리 주변에 지금도 하나님을 알지 못하는 사람들에게 복음을 전하는 사역을 우리에게 맡겨 주셨다.

하나님은 예수님을 영화롭게 하신다.

(요 17:5) 아버지여 창세 전에 내가 아버지와 함께 가졌던 영화로써 지금도 아버지와 함께 나를 영화롭게 하옵소서

예수님은 창세 전부터 영화로움을 가지고 계셨다. 그러나 예수님은 세상에 인간으로 오시면서 영화로움을 내려놓으셨다. 그러나 하나님은 십자가에서 죽으신 예수님을 부활하게 하셔서 다시 영화롭게 하셨다. 예수님이 죄인이 아니라 하나님의 아들이심을 드러내 주셨다. 우리도 이 세상을 살다가 이 땅을 떠나 천국에 가면 영화롭게 변화될 것이다.

예수님은 하나님의 뜻을 나타내신다

예수님은 사람들에게 하나님의 이름을 나타내셨다.

(요 17:6) 세상 중에서 내게 주신 사람들에게 내가 아버지의 이름을 나타 내었나이다 그들은 아버지의 것이었는데 내게 주셨으며 그들은 아버지 의 말씀을 지키었나이다

예수님의 사명은 하나님이 주신 사람들에게 하나님의 이름을 나타내는 것이었다. 사람들에게 하나님을 소개하여 믿음으로 구원받는 길을 알려 주신 것이다. 예수님이 사람들에게 하나님 의 말씀을 전해 줄 때 사람들은 예수님을 알게 되었고, 하나님의 말씀을 지키게 되었다.

하나님은 예수님께 모든 것을 주셨다.

(요 17:7) 지금 그들은 아버지께서 내게 주신 것이 다 아버지로부터 온 것 인 줄 알았나이다

하나님은 예수님에게 구원의 말씀을 주셨다. 예수님은 하나 님이 주신 그 말씀을 사람들에게 전해 주었다. 사람들은 그 구 원의 말씀을 듣고 구원을 받았다. 하나님은 예수님에게 믿음에

따르는 권세를 주셨다. 예수님은 하나님이 주신 그 믿음에 따른 권세를 사람들에게 전해 주셨다. 그러자 사람들에게서 귀신이 떠나고, 병든 자가 고침받게 되었고, 산과 같은 문제가 떠나게 되었다. 오늘 예수님은 이 말씀과 권세를 우리에게도 주셨다. 날마다 하나님의 말씀을 묵상하고, 하나님이 주신 권세를 사용하여 승리하는 삶을 살아가자.

생각해 봅시다

예수님은 이 세상에 오셔서 사람들에게 기쁜 소식을 전하시고, 그들이 예수님의 말씀에 순종하여 하나님을 믿음으로써 영생을 얻도록 하셨다. 하나님은 예수님이 십자가를 지시고 부활하게 하셔서 예수님이 하나님의 아들 되심을 선포하셨다. 오늘 우리도 예수님의 말씀에 귀를 기울이고, 그 말씀에 순종하며, 예수님이 주신 권세를 사용하며 살자. 우리도 예수님이 주신 권세를 의지하여 이웃들에게 기쁜 소식을 전하며 살자.

하나가 되어야 한다

오늘의 말씀 / 요 17:11-19

남편과 아내가 한마음이 되어 같은 목표를 가지고 살아갈 때 가정은 행복한 가정이 된다. 그러나 남편과 아내가 서로 마음이 다르고 목표가 다르면 그 가정은 많은 갈등과 어려움을 만나게 된다. 예수님도 하나님과 예수님이 하나인 것처럼, 우리도 하나가 되라고 우리에게 말씀하신다. 오늘 본문의 말씀을 통하여 우리에게 주시는 교훈은 무엇일까?

하나님은 우리가 하나 되기를 원하신다

(요 17:11) 나는 세상에 더 있지 아니하오나 그들은 세상에 있사옵고 나는 아버지께로 가옵나니 거룩하신 아버지여 내게 주신 아버지의 이름으로 그들을 보전하사 우리와 같이 그들도 하나가 되게 하옵소서

하나님과 예수님과 성령님이 하나이신 것처럼, 예수님은 우리도 하나가 되라고 말씀하셨다. 하나님은 아담과 하와를 지으시고 그들에게 가정을 이루게 하시고 하나가 되게 하셨다.

(창 2:24) 이러므로 남자가 부모를 떠나 그의 아내와 합하여 둘이 한 몸을 이룰지로다

아담과 하와가 선악과를 먹고 난 이후에 가정에는 분열이 다가왔다. 하나가 되었던 가정이 나뉘었다. 아담이 하와를 비난하며, 자신이 선악과를 먹은 것은 하와가 자신에게 선악과를 주었기 때문이라고 했다.

(창 3:12) 아담이 이르되 하나님이 주셔서 나와 함께 있게 하신 여자 그가 그 나무 열매를 내게 주므로 내가 먹었나이다

마귀는 우리가 하나가 되지 못하고 서로를 비난하게 한다. 하나님은 우리가 하나가 되기를 원하지만 마귀는 우리가 분열되기를 원한다. 하나됨을 방해하기 위해 마귀가 쓰는 방법은 상처이다. 마귀는 어려서부터 사람들에게서 상처를 받게 하여 일평생을 고통 속에 살게 만들어 사람들을 미워하고 비난하며 살도록 하여 하나가 되지 못하게 만든다.

하나님은 우리를 치유하여 하나가 되게 하신다. 우리는 십자가 앞으로 나아가 예수님의 사랑으로 우리의 상한 마음을 치유할 때 하나가 될 수 있다. 예수님의 십자가는 사랑을 말한다. 나를 사랑하셔서 나를 대신하여 십자가에서 죽으신 예수님의 사랑이 십자가에서 흘러나온다. 예수님은 우리가 사랑받지 못하고 거절당해 아파하는 그 아픔을 십자가의 사랑으로 품어 주신다. 주님의 사랑 앞에 우리의 모든 상처는 치유되고, 우리는 상처받은 사람이 아니라 큰 사랑을 받은 사람이 된다. 치유가 임할 때 우리는 하나가 될 수 있다.

우리는 서로를 섬길 때 하나가 될 수 있다. 제자들이 서로 섬김을 받는 사람이 되기를 원했을 때 예수님은 제자들의 발을 씻겨 주며 서로가 섬기는 사람이 되라고 말씀하셨다.

(요 13:14) 내가 주와 또는 선생이 되어 너희 발을 씻었으니 너희도 서로 발을 씻어 주는 것이 옳으니라

서로의 발을 씻겨 주는 것은 겸손하게 서로를 섬길 때 가능한 일이다. 오늘도 예수님은 우리가 서로의 발을 씻겨 주는 겸손한 섬김의 사람이 되라고 말씀하신다. 부부가 서로 겸손하게 섬길 때 그 가정은 하나가 되고 행복한 가정이 된다.

서로가 용서할 때 하나가 될 수 있다. 사람들은 서로 상처를 주고 상처를 받으며 살아간다. 서로에게 상처를 주면 사람들은 하나가 될 수 없다. 내가 받은 상처를 내려놓고 용서할 때 우리는 하나가 될 수 있다.

(막 11:25) 서서 기도할 때에 아무에게나 혐의가 있거든 용서하라 그리하여야 하늘에 계신 너희 아버지께서도 너희 허물을 사하여 주시리라 하시니라

예수님은 우리가 기도하기 전에 먼저 용서하라고 말씀하셨다. 내가 용서할 때 하나님도 나의 죄를 용서해 주시기 때문이다. 용서할 때 우리는 서로를 품어 주고 살아갈 수 있게 된다.

(눅 17:4) 만일 하루에 일곱 번이라도 네게 죄를 짓고 일곱 번 네게 돌아와 내가 회개하노라 하거든 너는 용서하라 하시더라

예수님은 어떤 사람이 하루에 일곱 번 죄를 지어도 일곱 번 회개하면 용서해 주라고 말씀하셨다. 끝없이 용서하라고 말씀하시는 것이다. 우리는 서로를 용서하며 살아야 한다. 그럴 때 우리는 하나가 된다.

하나님은 우리를 지켜 주신다

하나님은 그의 자녀를 인도하신다.

(요 17:12) 내가 그들과 함께 있을 때에 내게 주신 아버지의 이름으로 그들을 보전하고 지기었나이다 그중의 하나도 멸망하지 않고 다만 멸망의 자식뿐이오니 이는 성경을 응하게 함이니이다

다윗은 우리가 부족함이 없도록 하나님이 우리를 인도하신다고 고백했다. 하나님이 우리의 목자가 되셔서 우리에게 부족함이 없게 하시고, 푸른 풀밭과 쉴 만한 물가로 인도하신다고 말씀하셨다. 하나님이 오늘도 우리를 인도하신다.

하나님은 우리를 지켜 주신다.

(시 121:7-8) [7] 여호와께서 너를 지켜 모든 환난을 면하게 하시며 또 네 영혼을 지키시리로다 [8] 여호와께서 너의 출입을 지금부터 영원까지 지키시리로다

하나님은 우리가 환난을 당할 때 그 순간 우리와 함께하셔서 우리에게 다가온 환난을 면하게 하시며, 우리의 영혼을 지켜 주신다. 하나님은 우리가 어디로 가든지 우리를 지켜 주신다. 우

리는 어떤 순간에도 혼자 있는 것이 아니다. 하나님이 우리를 지켜 주고 계신다는 것을 늘 기억해야 한다.

하나님은 우리가 기쁨 가운데 살기를 원하신다

예수님은 늘 기쁨 가운데 사셨다.

(요 17:13) 지금 내가 아버지께로 가오니 내가 세상에서 이 말을 하옵는 것은 그들로 내 기쁨을 그들 안에 충만히 가지게 하려 함이니이다

예수님의 초상화가 그려져 있는 성화를 보면 대부분의 초상화에는 예수님이 슬픔과 고통의 표정을 짓고 있다. 사람들에게 조롱을 받으시는 모습, 채찍에 맞으시는 모습, 십자가에 달리신 모습은 모두 슬픈 표정의 예수님을 보여 준다. 그러나 평소의 예수님은 자주 웃으셨다. 예수님은 유머를 좋아하셨다. 부자가 천국에 들어가는 것은 낙타가 바늘구멍으로 들어가는 것보다 어렵다고 말씀하실 때 사람들은 크게 웃었을 것이다. 생각만 해도 우스운 일이다. 낙타가 바늘구멍으로 들어가려고 애쓰는 것을 생각해 보라. 예수님은 늘 심각한 표정으로 살지 않으셨다. 늘 기쁨을 잊어버리지 않으셨다. 우리도 자주 웃으며 살자.

예수님은 우리가 하나 되기를 바라셨다. 우리도 서로를 섬기고 용서하며 하나가 되어 하나님 안에 거하며 살아가자. 하나님은 오늘도 우리를 사랑하셔서 우리를 지켜 주신다. 하나님을 의지하고 하나님의 은혜 속에서 살아가자. 하나님께서 우리에게 베풀어 주신 구원에 감사하며 항상 기뻐하며 살아가자.

우리의 왕이신 예수님

오늘의 말씀 / 요 18:33-40

예수님은 대제사장에게 심문을 받으시고, 총독 빌라도에게 심문을 받으셨다. 예수님을 심문한 모든 사람들은 예수님에게 죄가 없는 것을 알았다. 그럼에도 불구하고 그들은 예수님을 십자가에서 죽게 하였다. 대제사장은 종교인으로서 자신의 기득권을 지키기 위해서 예수님을 십자가에서 죽여야 했다. 빌라도는 자신의 자리를 지키기 위해서 죄 없는 예수님을 사형으로 내어 주는 비겁함을 선택했다. 오늘 본문의 말씀을 통하여 우리에게 주시는 교훈은 무엇일까?

예수님은 끝까지 제자들을 지켜 주셨다

예수님은 모든 것을 알고 계신다.

(요 18:4) 예수께서 그 당할 일을 다 아시고 나아가 이르시되 너희가 누구를 찾느냐

예수님은 가룟 유다를 통하여 팔리게 되고, 베드로가 예수님을 부인할 것과, 십자가를 지게 될 것을 이미 알고 계셨다. 예수님은 모든 것을 알고 계시면서도 십자가를 피하지 않으셨다. 십자가가 아니면 구원도 없기 때문이다. 예수님은 삭개오를 알고 계셨다. 예수님이 여리고에 오실 때 삭개오는 키가 작아 예수님이 보이지 않아 나무에 올라갔다. 예수님은 삭개오가 올라간 나무로 오셔서 삭개오의 이름을 부르며 내려오라고 말씀하셨다. 예수님은 삭개오의 이름을 알고 계셨다.

예수님은 우리의 이름도 알고 계신다. 예수님은 우리의 모든 형편과 문제를 알고 계신다. 예수님은 모든 것을 알고 계신다. 우리가 살아가면서 수많은 문제를 만나고 어려움을 만나도 두려워하지 말아야 할 이유가 여기에 있다. 예수님이 알고 계시고, 우리의 기도에 응답을 주신다.

예수님에게는 놀라운 권세가 있다.

(요 18:6) 예수께서 그들에게 내가 그니라 하실 때에 그들이 물러가서 땅에 엎드러지는지라

예수님을 잡으러 온 사람들에게 예수님이 자신이 그리스도라고 밝힐 때 모두 땅에 엎드러지고 넘어지게 되었다고 성경은 말한다. 예수님은 말씀만 해도 주변의 사람들이 땅에 엎드러지는 놀라운 권세가 있다. 그러나 예수님은 그런 권세를 자신의 유익을 위하여 사용하지 않으시고 순순히 잡혀가셨다. 예수님은 우리를 대신하여 죽으심으로 우리의 죄를 사하시고, 우리에게 구원을 이루어 주시기를 원하셨기 때문이다.

예수님은 끝까지 제자들을 지켜 주셨다. 예수님은 자신은 잡혀가지만 제자들은 용납하라고 말씀하셨다. 십자가에서 돌아가실 예수님께서 제자들을 신경 쓰고 있는 것은 참으로 감사한 일이다. 예수님은 제자들을 신경 쓰고 지켜 주셨다. 오늘도 예수님은 우리를 지키시고 보호하신다. 예수님을 의지하고 믿음으로 살아가자.

예수님은 사람들을 불쌍히 여기신다

예수님은 제자들을 불쌍히 여기셨다. 베드로는 예수님이 잡혀가는 것을 보고 예수님의 뒤를 따라갔다. 그는 예수님이 심문당하는 것을 지켜보았다. 그때 한 여종이 베드로의 얼굴을 알아봤다. 그 여종은 베드로가 예수님의 제자 중의 한 사람이라고 주장했다. 그러자 베드로는 "나는 아니다"라고 강하게 부인했다. 베드로는 예수님이 잡히기 전에는 예수님을 위하여 자신의 목숨을 버리겠다고 말했다.

(요 13:37) 베드로가 이르되 주여 내가 지금은 어찌하여 따라갈 수 없나이까 주를 위하여 내 목숨을 버리겠나이다

예수님이 잡혀서 심문을 당하자 베드로는 두려웠다. 그는 그 순간을 모면하기 위해서 "나는 예수님의 제자가 아니다"라고 거짓말을 했다. 예수님은 두려워하는 제자를 불쌍히 여기셨다. 오늘 우리도 인생을 살아가면서 두려움의 순간을 만난다. 우리의 모든 두려움을 예수님께 맡기자. 예수님이 인도하신다.

예수님은 자신을 핍박하는 사람을 불쌍히 여기신다. 대제사장 가야바의 장인인 안나스는 가야바보다 예수님을 먼저 심문하여 예수님의 교훈에 대하여 물었다. 그러자 예수님은 이미 자신이 모든 사람들에게 말했으므로 그들에게 물어보라고 말씀하셨다. 예수님은 안나스의 의도를 이미 알고 계셨다. 그는 예수님의 교훈을 몰라서 묻는 것이 아니라, 예수님을 죽이려고 이미 모든 결론을 내린 채 형식적으로 묻는 것이기 때문에 예수님은 그에게 답을 할 필요가 없었다. 대제사장 안나스는 대제사장이면서도 하나님의 아들 예수님을 알아보지 못하고, 십자가에 못 박는 일을 앞서서 하고 있다. 그런 안나스를 예수님은 불쌍히 여기셨다. 사람을 죽이기도 하시고 살리기도 할 수 있는 권세를 가지신 예수님께서 그를 긍휼히 여기셨다.

예수님은 자신을 때리는 사람도 불쌍히 여기셨다.

(요 18:22) 이 말씀을 하시매 곁에 섰던 아랫사람 하나가 손으로 예수를 쳐 이르되 네가 대제사장에게 이같이 대답하느냐 하니

예수님이 안나스에게 제대로 대답을 하지 않으니, 안나스의 아랫사람 하나가 예수님을 때렸다. 어떻게 대제사장에게 불손하게 말을 하는가 하는 것이었다. 그는 예수님이 누군지 몰랐다. 예수님은 자신을 때리는 사람도 불쌍히 여기셨다. 그를 벌하지 않으시고, 보복하지 않으셨다.

예수님은 왕이시다

예수님의 나라는 이 세상에 속하지 않았다.

(요 18:36) 예수께서 대답하시되 내 나라는 이 세상에 속한 것이 아니니라 만일 내 나라가 이 세상에 속한 것이었더라면 내 종들이 싸워 나로 유

**대인들에게 넘겨지지 않게 하였으리라 이제 내 나라는 여기에 속한 것이
아니니라**

예수님이 이스라엘에 오신 것은 단순히 이스라엘의 왕이 되
시기 위해서 오신 것이 아니다. 예수님은 하나님 나라의 왕이시
다. 그래서 예수님은 자신의 나라는 이 세상에 속한 것이 아니
라고 말씀하셨다. 예수님은 하나님 나라의 왕이시고, 우리는 하
나님 나라의 백성이다. 우리는 하나님께 속하여 있다. 빌라도는
예수님께 "네가 유대인의 왕이냐"라고 물었다. 그러자 예수님은
그렇다고 대답하셨다. 예수님은 왕으로 태어나셨다. 예수님은
하나님 나라의 왕으로 이 세상에 오셨다. 예수님은 우리의 왕이
시다. 오늘도 예수님은 우리를 다스리고 인도하고 계신다.

생각해 봅시다 ···

예수님이 십자가를 지고 돌아가시기 전에 제자에게 배신을 당하여 팔리시
고, 종교인들과 정치인들은 하나가 되어 예수님을 십자가에 죽게 내어 줄
것을 알고 계셨다. 그러나 예수님은 십자가를 피하지 않으셨다. 담대하게
십자가를 지시고 죽으시고 부활하심으로 자신이 하나님의 아들과 왕 되심
을 드러내 주시고, 우리에게 놀라운 구원을 베풀어 주셨다. 우리의 왕이신
예수님을 찬양하고 영광을 돌려 드리자.

6장

회복을 주신 예수님

36일째 묵상
우리의 병을 짊어지신 예수님

오늘의 말씀 / 요 19:6-16

바리새인이나 대제사장들은 예수님이 하나님의 아들이라고 주장하는 것이 사실이 아니라고 생각했다. 유일신이신 하나님에게 아들이 있을 수 없다고 생각했다. 그들은 예수님이 신성모독죄를 범하여 사형을 당하는 것이 마땅하다고 생각했다. 그래서 결국 예수님을 십자가에 못 박으라고 외친 것이다. 사람들은 자신의 생각과 판단을 따라서 산다. 그들은 자신들이 옳다고 생각하는 대로 사는 것이다. 우리는 내 생각대로 살지 말고, 하나님의 말씀대로 살아야 한다. 오늘 본문의 말씀을 통하여 우리에게 주시는 교훈은 무엇일까?

예수님은 우리의 병을 담당하셨다

예수님은 우리를 위해 찔리셨다.

(요 19:2) 군인들이 가시나무로 관을 엮어 그의 머리에 씌우고 자색 옷을 입히고

예루살렘 주변에는 굵은 가시나무들이 자란다. 군인들은 예수님의 죄목이 '유대인의 왕'이기 때문에 예수님을 조롱하기 위해서 굵은 가시로 나무 관을 만들어 예수님의 머리에 씌우고 예수님을 조롱했다. 예수님은 가시관을 쓰실 때 가시에 찔려 이마와 머리의 피부가 찢어져 피를 흘리셨다. 찔리시고 상하셨다. 이사야서 53장 5절에 보면 "그가 찔림은 우리의 허물 때문이요 그가 상함은 우리의 죄악 때문이라"라고 말하고 있다. 예수님은 우리의 허물과 죄를 대신 짊어지셨다. 오늘도 예수님은 우리의 모든 허물과 죄를 짊어져 주셨다. 예수님께 모든 허물과 죄를 내려놓고, 주님이 주시는 평안 속에서 살아가자.

예수님은 우리를 위해 채찍에 맞으셨다.

(요 19:1) 이에 빌라도가 예수를 데려다가 채찍질하더라

왜 빌라도는 예수님을 심문한 후 채찍질을 하도록 했을까? 당시에 채찍질은 죄인에게 주는 고통스러운 형벌 중의 하나였다. 이사야는 예수님이 찔리시고 채찍에 맞으실 것을 예언하셨는데, 그 예언이 이루어진 것이었다.

(사 53:5) 그가 찔림은 우리의 허물 때문이요 그가 상함은 우리의 죄악 때문이라 그가 징계를 받으므로 우리는 평화를 누리고 그가 채찍에 맞으므로 우리는 나음을 받았도다

예수님이 채찍에 맞아서 우리가 나음을 받게 되었다. 예수님이 채찍에 맞을 때마다 고혈압이 떠나고, 당뇨병이 떠나고, 각종 암이 떠났다. 우리의 모든 병이 고침받게 된 것이다. 오늘 우리도 병들어 고통받을 때 예수님이 나의 병을 짊어지셨음을 믿고 믿음으로 기도하자. 예수님은 오늘도 우리의 병을 치료해 주신다.

(벧전 2:24) 친히 나무에 달려 그 몸으로 우리 죄를 담당하셨으니 이는 우리로 죄에 대하여 죽고 의에 대하여 살게 하심이라 그가 채찍에 맞음으로 너희는 나음을 얻었나니

베드로도 예수님이 채찍에 맞으므로 우리가 나음을 받았다고 고백했다.

예수님은 모든 것을 하나님께 맡겼다

예수님은 자신을 십자가에 못 박는 사람들에 대항하여 싸울 수 있는 힘과 권세가 있었다. 그러나 예수님은 싸우지 않으시고 모든 것을 하나님께 맡기셨다.

예수님은 모든 것을 하나님이 주관하심을 믿으셨다.

(마 6:26) 공중의 새를 보라 심지도 않고 거두지도 않고 창고에 모아들이지도 아니하되 너희 하늘 아버지께서 기르시나니 너희는 이것들보다 귀하지 아니하냐

예수님은 우리가 인생을 살면서 다가오는 문제에 대하여 염려하거나 근심하지 말라고 말씀하셨다. 공중에 나는 새도 하나님이 먹이시고 기르시기 때문에 우리도 돌보아 주실 것을 잊지 말자. 인생의 문제가 다가올 때 하나님이 우리와 함께하시고, 우리의 문제를 해결해 주실 것을 믿자. 우리에게 어려움이 다가올 때 그 순간에도 하나님이 돌보고 계심을 믿자. 하나님은 모든 것이 합력하여 선을 이루게 하신다.

예수님은 모든 걱정을 하나님께 맡기셨다.

(마 6:28) 또 너희가 어찌 의복을 위하여 염려하느냐 들의 백합화가 어떻

게 자라는가 생각하여 보라 수고도 아니하고 길쌈도 아니하느니라

사람들은 무엇을 입을까 염려한다. 그러나 예수님은 들판에 피어 있는 백합화도 하나님이 책임져 주신다고 말씀하신다. 하나님은 오늘도 우리가 무엇을 입을까 염려하지 않아도 우리의 모든 것을 책임져 주신다고 말씀하신다. 예수님은 죽고 사는 것이 하나님께 달렸다고 말씀하셨다.

(요 19:11) 예수께서 대답하시되 위에서 주지 아니하셨더라면 나를 해할 권한이 없었으리니 그러므로 나를 네게 넘겨 준 자의 죄는 더 크다 하시니라

빌라도는 자신에게 예수님을 죽이거나 살릴 권세가 있다고 생각했다. 그러나 예수님은 빌라도에게 그런 권세가 없고 위에서 그런 권세를 주어야만 가능하다고 말씀하셨다. 하나님이 허락하지 않으면 어느 누구도 예수님을 죽일 수 없다는 것이다. 모든 것을 하나님이 주관하고 계신다. 예수님은 하나님이 허락하신 십자가를 지시고 죽음을 받아들이셨다. 그러자 하나님은 예수님의 믿음대로 죽음에서 부활하게 하시고, 영광을 나타내 주셨다.

예수님은 우리의 왕이시다

영적 분별력을 가지고 살자. 유대인들은 예수님을 십자가에 못 박으라고 외쳤다.

> (요 19:6) 대제사장들과 아랫사람들이 예수를 보고 소리 질러 이르되 십자가에 못 박으소서 십자가에 못 박으소서 하는지라 빌라도가 이르되 너희가 친히 데려다가 십자가에 못 박으라 나는 그에게서 죄를 찾지 못하였노라

예수님이 예루살렘 성에 입성할 때 수많은 백성들이 예수님께 호산나를 외치며 예수님을 환영했다. 그러나 종교인들의 잘못된 이야기를 들은 백성들은 예수님을 십자가에 못 박으라고 외쳤다. 빌라도가 예수님에게서 죄를 찾을 수 없다고 말했어도 백성들은 여전히 예수님을 십자가에 못 박으라고 외쳤다.

오늘 우리는 영적 분별력을 가지고 살아야 한다. 영적 분별력이 없다면 우리도 이스라엘 백성들과 같이 예수님을 십자가에 못 박으라고 외칠 수 밖에 없기 때문이다.

예수님은 왕이시다.

> (요 19:15) 그들이 소리 지르되 없이 하소서 없이 하소서 그를 십자가에

못 박게 하소서 빌라도가 이르되 내가 너희 왕을 십자가에 못 박으랴 대제사장들이 대답하되 가이사 외에는 우리에게 왕이 없나이다 하니

빌라도가 백성들에게 "내가 너희 왕을 십자가에 못 박으랴?" 라고 외치니, 대제사장들은 로마의 황제 가이사 외에는 자신들에게는 왕이 없다고 말했다. 그들은 하나님이 왕이라는 사실을 잊어버렸다. 예수님은 하나님이 우리의 왕이시며, 예수님도 우리의 왕이라는 것을 말씀하셨다.

생각해 봅시다

예수님은 이 땅에 오셔서 우리의 병을 짊어지셨다. 예수님이 채찍에 맞음으로써 우리는 모든 병에서 자유를 얻게 되었다. 예수님은 우리를 허물과 죄에서 자유케 하시기 위해서 찔리셨다. 예수님이 가시 면류관에 찔리시고, 대못에 찔리시고, 창에 찔리심으로 우리의 모든 죄와 허물이 사함을 받게 되었다. 오늘 우리의 모든 염려와 걱정을 예수님께 맡기자. 우리의 왕이신 예수님께서 우리를 돌보시고 인도해 주신다.

37일째 묵상

다 이루었다

오늘의 말씀 / 요 19:23-30

예수님은 십자가를 지고 '해골'이라고 불리는 '골고다' 언덕을 오르셨다. 예수님은 골고다 언덕을 오를 때 쓰러지고 또 쓰러지셨다. 채찍에 맞을 때 너무나 많은 피를 흘려서 십자가를 지고 언덕을 오를 기력이 없었기 때문이다. 골고다 언덕 정상에 도착하셔서 예수님은 결국 십자가에 달리셨다. 예수님은 십자가에서 일곱 마디의 말씀을 하셨다. 예수님의 가상칠언이다. 예수님이 십자가에서 마지막으로 남기신 말씀들을 통하여 오늘 우리에게 주시는 교훈이 무엇인지 생각해 보자.

용서하고 살아라

사람들은 다른 사람들에게서 비판을 받고 정죄받는 것을 좋

회복

아하지 않는다. 사람들은 자신은 정죄받기를 원하지 않으면서 자신도 모르게 다른 사람을 용서하지 못하고, 비판하고 정죄하는 경우가 있다. 예수님은 그래서 우리가 먼저 자신을 돌아보고, 다른 사람을 비판하고 정죄하지 말며, 우리가 먼저 용서하라고 말씀하셨다. 우리가 먼저 용서할 때 하늘에 계신 우리 아버지가 우리의 죄도 용서해 주신다고 말씀하셨다.

(눅 23:34) 이에 예수께서 이르시되 아버지 저들을 사하여 주옵소서 자기들이 하는 것을 알지 못함이니이다 하시더라 그들이 그의 옷을 나눠 제비 뽑을새

예수님은 용서하라고 가르치시기만 하신 것이 아니다. 예수님은 자신을 조롱하고, 옷을 빼앗고, 십자가에 못 박은 사람들을 향하여 그들은 자신이 하는 것을 알지 못하고 있으니 그들의 죄를 용서해 달라고 기도하셨다. 예수님은 끝까지 용서하셨다.

언제든지 어디서든지 잃어버린 영혼을 구원해야 한다. 예수님은 두 명의 흉악범과 함께 십자가에 못 박히게 되었다. 그 두 사람 중의 한 사람은 예수님을 비난하고 조롱했으나, 한 사람은 마지막 순간에 예수님께 자신을 기억해 달라고 간구했다.

(눅 23:42) 이르되 예수여 당신의 나라에 임하실 때에 나를 기억하소서

하니

그 사람이 어떤 이유로 인해서 흉악범이 되어 사형을 당하게
되었는지 우리는 잘 알 수 없지만, 그는 마지막 순간에 십자가에
서 예수님을 만났다. 그는 예수님께 자신을 기억해 달라고 간구
했다. 그는 마지막 순간에 예수님께서 자신을 십자가에 못 박는
사람들을 용서하는 것을 보면서 감동을 받았다. 그는 예수님이
말뿐인 메시아가 아니라 진실로 하나님의 아들이요, 왕이요, 구
원자인 것을 믿었다. 그래서 그는 자신을 기억해 달라고 간구했
다. 예수님은 그를 불쌍히 여기셨다.

**(눅 23:43) 예수께서 이르시되 내가 진실로 네게 이르노니 오늘 네가 나
와 함께 낙원에 있으리라 하시니라**

예수님은 십자가에서 돌아가시는 순간에도 영혼을 구원하셨
다. 예수님은 언제든지 어디서든지 영혼을 구원하셨다. 심지어
는 돌아가시는 자리에서도 영혼을 구원하셨다. 우리도 때를 얻
든지 못 얻든지 복음을 전하자. 하나님이 예비하신 영혼을 구원
하자.

부모를 공경하라. 예수님은 돌아가시면서도 어머니 마리아
를 공경하셨다. 그래서 어머니 마리아를 자신의 제자에게 부탁

했다.

(요 19:26) 예수께서 자기의 어머니와 사랑하시는 제자가 곁에 서 있는 것을 보시고 자기 어머니께 말씀하시되 여자여 보소서 아들이니이다 하시고

놀라운 것은 십자가에서 돌아가시는 분이 어떻게 이런 마음을 가질 수 있는가 하는 것이다. 십자가에서 돌아가시는 순간에 어떻게 어머니를 생각할 마음의 여유가 있었을까? 그것은 평소 예수님이 그의 어머니 마리아를 공경했기 때문이다.

우리도 부모를 공경해야 한다. 우리가 태어나서 아무런 힘이 없는 아기일 때 부모님은 우리를 돌보아 주셨다. 기저귀를 갈아 주고, 젖을 먹이고, 밥을 먹이고, 옷을 입혔다. 학교에 보내고, 사회인이 되도록 도와주셨다. 그리고 부모는 늙는다. 부모는 점점 힘이 없어진다. 그럴 때 자녀가 할 일은 부모에게 받은 은혜를 돌려 드리는 것이다. 부모가 힘이 없을 때 부모에게 우리가 할 수 있는 것을 해 드려야 한다. 그것이 부모를 공경하는 것이다.

예수님은 우리를 구원하시려고 버림받으셨다.

(마 27:46) 제 구시쯤에 예수께서 크게 소리 질러 이르시되 엘리엘리 라

마 사박다니 하시니 이는 곧 나의 하나님, 나의 하나님, 어찌하여 나를 버리셨나이까 하는 뜻이라

예수님은 십자가에서 하나님께 외치셨다. '왜 나를 버리십니까?'라는 외침이었다. 예수님은 십자가에서 버림받으셨다. 예수님이 십자가에서 버림을 받고, 심판을 받으심으로 우리의 모든 죄가 용서받아 구원을 받고, 우리의 가난과 저주가 떠나고, 우리의 병이 고침받게 된 것이다. 예수님은 우리에게 영혼이 잘되고, 범사가 잘되고, 강건한 선물을 주시기 위해서 십자가를 참으셨다. 버림받으시고 심판받는 것을 참으셨다.

예수님은 우리의 목마름을 해갈해 주신다

(요 19:28) 그 후에 예수께서 모든 일이 이미 이루어진 줄 아시고 성경을 응하게 하려 하사 이르시되 내가 목마르다 하시니

예수님은 십자가에서 고난을 받으면서 목마르다고 말씀하셨다. 예수님은 요한복음 7장에서 "누구든지 목마르거든 내게로 와서 마시라"라고 말씀하셨다. 그러면 그 배에서 생수의 강물을 넘치게 하시겠다고 말씀하셨다. 3년 반 동안이나 예수님이 복음을 전해도, 바리새인과 제사장들은 여전히 예수님의 말씀

을 알아듣지 못했다. 제자들은 모두 도망쳤다. 그 순간 예수님은 목마르다고 외치셨다. 예수님은 우리의 목마름을 대신 짊어지셨다.

오늘 우리도 목마름을 느낀다. 우리의 모든 목마름을 하나님께 가지고 나가서 하나님이 주시는 은혜를 바라보자. 성령의 생수로 목마름을 해결하자.

예수님은 다 이루셨다

(요 19:30) 예수께서 신 포도주를 받으신 후에 이르시되 다 이루었다 하시고 머리를 숙이니 영혼이 떠나가시니라

예수님은 십자가에서 "다 이루었다"라고 말씀하셨다. 예수님이 다 이루었다는 말은 예수님이 이 땅에 오신 목적을 다 이룬 것을 의미한다. 예수님은 우리의 죄를 대속하여 구원하시고, 가난과 저주에서 우리를 자유하게 하셔서 아브라함의 복을 주시고, 우리의 병을 짊어지시고, 영원한 천국을 선물로 주시고 성령을 보내 주셨다. 이 모든 것을 예수님은 다 이루셨다. 오늘 우리는 예수님이 십자가에서 이루신 놀라운 은혜를 바라보고, 믿음으로 살아야 한다.

모든 것을 하나님께 맡겨라

(눅 23:46) 예수께서 큰 소리로 불러 이르시되 아버지 내 영혼을 아버지 손에 부탁하나이다 하고 이 말씀을 하신 후 숨지시니라

예수님은 자신의 생명을 하나님께 맡기셨다. 우리가 우리 자신을 하나님의 손에 맡길 때 하나님은 그것으로 기적을 베풀어 주신다. 예수님이 자신의 영혼을 하나님의 손에 맡길 때 하나님은 예수님에게 부활을 선물로 주셨다. 오늘 우리는 무엇을 움켜잡고 살고 있는가? 우리의 모든 것을 하나님께 맡기자. 하나님이 맡으시고 길을 열어 주신다.

생각해 봅시다 ....

예수님은 하나님의 아들로서 모욕과 수치를 당하시고 십자가를 지셨다. 하늘과 땅의 모든 권세를 가지신 분이 자신의 권세를 사용하지 않으시고, 묵묵히 십자가를 지시고, 십자가에서 끝까지 용서하시고, 인류의 모든 죄와 가난과 저주와 질병을 짊어지시고 십자가에서 다 이루셨다. 오늘 우리는 예수님의 십자가의 은혜에 감사하며, 이웃들에게 이 기쁜 소식을 전하며 살자.

죽음과 부활

오늘의 말씀 / 요 20:1-10

예수님은 십자가에서 고난받으시고 돌아가셨다. 제자들은 두려워 아무도 빌라도에게 가서 예수님의 시신을 달라는 사람이 없었다. 그러나 아리마대 사람 요셉은 빌라도 총독에게 가서 예수님의 시신을 달라고 요청하여 자신이 예비해 두었던 무덤에 예수님을 모시고 장례를 마쳤다. 예수님이 돌아가신 후 사흘째가 되어 여인들은 예수님의 몸에 향품을 바르기 위해서 새벽 이른 시간에 무덤으로 갔다. 그러나 그들이 무덤에 도착해 보니 무덤 안에 예수님은 계시지 않았다. 예수님은 부활하신 것이다. 오늘 본문의 말씀을 통하여 우리에게 주시는 진리의 말씀은 무엇일까?

하나님은 모든 것을 예비하고 계신다

예수님이 십자가에서 돌아가시자, 예수님의 시신을 달라고 하는 사람들이 없었다. 예수님을 아는 사람이라는 것 자체로 불이익을 당할 수 있었기 때문이다. 그러나 하나님은 그 순간에도 예수님의 장례를 예비하고 계셨다. 하나님은 아리마대 사람 요셉을 예비하셨다.

> (요 19:38) 아리마대 사람 요셉은 예수의 제자이나 유대인이 두려워 그것을 숨기더니 이 일 후에 빌라도에게 예수의 시체를 가져가기를 구하매 빌라도가 허락하는지라 이에 가서 예수의 시체를 가져가니라

아리마대 사람 요셉은 산헤드린 공회의 공회원이었다. 당시 산헤드린 공회원들은 대부분 예수님에 대하여 부정적으로 생각하고 있었다. 그러나 요셉은 예수님의 소문을 들었고, 예수님에 대하여 알아본 결과 예수님이 하나님이 보내신 메시아라는 것을 확신하게 되었다. 그래서 그는 비밀리에 예수님을 따르는 제자가 되었다. 그러나 그는 유대인들이 두려워 자신이 예수님의 제자라는 것을 밝힐 수 없었다. 그는 예수님이 돌아가셨는데도 아무도 예수님의 시신을 달라고 하여 장례를 치르는 사람이 없는 것을 알고, 그는 담대하게 빌라도에게 가서 예수님의 시신을 달라고 하여 예수님의 장례를 치렀다. 하나님은 아리마대 요셉

을 예비하셨던 것이다. 하나님은 오늘도 우리의 모든 것을 예비하고 계신다.

하나님은 니고데모를 예비하셨다

(요 19:39) 일찍이 예수께 밤에 찾아왔던 니고데모도 몰약과 침향 섞은 것을 백 리트라쯤 가지고 온지라

니고데모는 사람들의 눈을 피하여 밤에 예수님께 찾아와서 영생에 대한 질문을 한 적이 있는 유대인의 지도자였다. 니고데모도 아리마대 요셉처럼 사람들에게 자신의 신분을 드러낼 수 없었지만 예수님의 말씀에 은혜를 받고 숨어서 예수님을 따르던 사람이었다. 그러나 예수님이 십자가에서 돌아가시자, 그는 예수님의 몸에 바를 향품을 가지고 예수님의 장례에 찾아왔다. 그가 예수님의 장례에 참석할 때 불이익이 있을 수 있었다. 그러나 그럼에도 불구하고 그는 담대하게 예수님의 장례에 참석하여 예수님께 향품을 드렸다. 하나님은 모든 것을 예비하고 계신다. 제자들은 두려워 떨며, 예수님의 시신을 달라고 하지도 못하고, 장례를 치를 생각도 못 하고 있었지만, 하나님은 요셉과 니고데모를 예비하셔서 장례를 치르게 하신 것이다. 하나님은 오늘도 모든 것을 예비하신다.

예수님은 부활하셨다

하나님은 우리의 작은 속삭임도 들으신다. 예수님이 돌아가
신 후 사흘째가 되는 날 새벽, 여인들은 예수님의 시신에 향품
을 바르려고 무덤을 찾아갔다. 그들은 누가 돌문을 옮겨 줄 수
있을까 걱정하며 무덤으로 향했다. 그러나 그들이 예수님의 무
덤에 도착했을 때 돌문은 이미 옮겨져 있었다. 하나님은 그 여
인들의 대화를 듣고 계셨다. 오늘 하나님은 우리의 기도를 듣고
계시고, 우리의 대화도 들으시고 응답해 주신다.

**(요 20:1) 안식 후 첫날 일찍이 아직 어두울 때에 막달라 마리아가 무덤에
와서 돌이 무덤에서 옮겨진 것을 보고**

하나님은 우리의 인생에 다가오는 장애물을 옮겨 주신다. 하
나님은 무덤의 돌문을 옮기신 것같이 오늘도 우리가 하나님을
의지할 때 우리의 삶에 장애가 되는 장애물을 옮겨 주신다. 오
늘 어떤 문제가 있는가? 돌문과 같이 우리의 삶을 막는 어떤 요
소가 있는가? 하나님께 맡기고 기도하자. 하나님은 우리의 모든
것을 해결해 주신다.

예수님의 무덤은 비어 있었다. 여인들이 예수님의 시신이 보
이지 않는다고 제자들에게 가서 말하니, 베드로와 함께 다른 제

자가 무덤으로 달려갔다. 베드로보다 먼저 무덤에 도착한 제자
는 두려워 무덤에 들어갈 수가 없었다. 그래서 베드로가 무덤에
들어가 보니, 예수님의 시신을 감쌌던 세마포가 놓였고, 머리를
쌌던 수건도 놓여 있었다. 베드로와 제자는 그 빈 무덤을 보고
예수님이 평소에 하신 말씀이 기억났다. 예수님이 드디어 부활
하신 것이다! 예수님의 말씀대로 예수님은 부활하셨다. 예수님
은 자신이 십자가를 지시고 죽으신 후 사흘 만에 부활하실 것을
약속하셨다.

**(막 8:31) 인자가 많은 고난을 받고 장로들과 대제사장들과 서기관들에게
버린 바 되어 죽임을 당하고 사흘 만에 살아나야 할 것을 비로소 그들에
게 가르치시되**

예수님이 죽임을 당하고 사흘 만에 살아날 것을 말씀하실 때
제자들은 이해가 되지 않았다. 무슨 비유의 말씀을 하시는 것이
아닌가 생각되었다. 그러나 예수님의 말씀은 사실이었다. 예수
님의 모든 말씀은 이루어진다. 오늘도 예수님의 약속의 말씀을
믿고 의지하고 살아가자.

하나님은 우리에게 위로와 평안을 주신다

하나님은 천사를 보내 마리아를 위로해 주었다. 마리아는 예수님의 시신이 보이지 않아서 서서 울고 있었다. 그녀는 누가 예수님의 시신을 옮긴 줄 알았다. 그러자 하나님은 천사를 보내 마리아를 위로해 주셨다. 오늘도 예수님은 우리를 찾아오셔서, 우리가 위로가 필요할 때 오셔서 우리를 위로해 주신다.

예수님은 어두운 눈을 밝혀 주신다.

(요 20:14-15) [14] 이 말을 하고 뒤로 돌이켜 예수께서 서 계신 것을 보았으나 예수이신 줄은 알지 못하더라 [15] 예수께서 이르시되 여자여 어찌하여 울며 누구를 찾느냐 하시니 마리아는 그가 동산지기인 줄 알고 이르되 주여 당신이 옮겼거든 어디 두었는지 내게 이르소서 그리하면 내가 가져가리이다

마리아의 뒤에 부활하신 예수님이 서 계셨다. 그런데 마리아는 예수님을 알아보지 못했다. 마리아는 자신의 뒤에 계신 분이 동산지기인 줄 알았다. 왜 마리아는 예수님을 못 알아보았을까? 엠마오로 내려가던 제자들도 부활하신 예수님을 보았으나, 그들은 예수님인 줄을 알아보지 못했다. 왜 그랬을까? 예수님이 부활하신다는 것은 상상도 할 수 없는 일이었기 때문이다. 예수

님의 부활에 대한 기대감도 없고, 예수님의 죽음에 대한 슬픔으로 가득한 그들의 눈은 어두워져 있었다. 부활하신 예수님은 슬픔이 가득한 그들의 눈을 열어 주어, 그들은 부활하신 그분이 예수님이신 것을 보게 해 주셨다.

예수님은 오늘도 우리를 위로해 주시고, 부활의 빛을 비추어 주신다. 예수님이 주시는 위로와 평안을 가지고 살자. 예수님의 부활의 빛으로 충만한 삶을 살아가시기를 바란다.

생각해 봅시다

예수님은 십자가에서 죽으시고 사흘 만에 부활하셨다. 예수님의 부활은 예수님이 하나님의 아들이며 왕이심을 확증해 준다. 예수님이 하신 모든 말씀이 다 사실이고, 예수님은 오늘도 우리의 기도를 듣고 계시고, 우리의 연약함을 돌보심을 확증해 준다. 우리를 위하여 십자가에서 죽으시고 부활하신 예수님을 바라보자. 우리에게 은혜를 예비해 주신 하나님께 찬양과 감사를 드리며 살아가자.

평강을 주시는 예수님

오늘의 말씀 / 요 20:19-27

예수님은 부활하신 날 저녁에 제자들이 모인 곳에 나타나셨다. 제자들은 유대인들이 자신들을 잡아갈지도 몰라 두려워서 문을 닫고 있었다. 무덤에 다녀온 여인들은 예수님이 부활하셨다고 하고, 어떤 사람은 '과연 그럴까?' 하는 의문을 가지고 있는 사람도 있었다. 그런 제자들이 모여 있는 곳에 부활하신 예수님이 나타나셨다. 예수님은 제자들에게 예수님의 부활이 사실임을 보여 주셨다. 오늘 본문이 우리에게 주는 교훈은 무엇일까?

예수님은 우리에게 평강을 주신다

예수님은 두려워하는 사람들을 찾아오신다. '과연 예수님이 부활하신 것이 맞을까?' 제자들은 혼란 가운데 있었다. 그런 제자들에게 예수님이 저녁때에 홀연히 나타나신 것이다. 누가 문을 열어 드린 것도 아닌데, 그곳에 홀연히 나타나셨다. 예수님은 제자들이 두려움과 혼란 가운데 있는 것을 잘 알고 계셨다. 그래서 예수님은 그들에게 찾아오셔서 평강이 있으라고 말씀하셨다.

> **(요 20:19) 이날 곧 안식 후 첫날 저녁때에 제자들이 유대인들을 두려워하여 모인 곳의 문들을 닫았더니 예수께서 오사 가운데 서서 이르시되 너희에게 평강이 있을지어다**

예수님이 그들에게 제일 먼저 하신 말씀은 "너희에게 평강이 있을지어다"라는 말씀이었다. 예수님은 제자들이 두려움과 혼란에서 벗어나 평강 가운데 있기를 원하셨다. 오늘 우리도 삶 가운데 두려움을 만나고 혼란을 만난다. 그러나 예수님은 두려움과 혼란 가운데 있는 우리에게 평강을 주신다. 오늘도 예수님이 주시는 평강을 받고 살아가자.

염려하지 말고 기도하자

> **(빌 4:6-7) [6] 아무것도 염려하지 말고 다만 모든 일에 기도와 간구로, 너희 구할 것을 감사함으로 하나님께 아뢰라 [7] 그리하면 모든 지각에 뛰**

어난 하나님의 평강이 그리스도 예수 안에서 너희 마음과 생각을 지키시
리라

바울은 우리가 염려하지 않고 감사함으로 기도하면 하나님이
우리에게 평상을 주신다고 말했다. 오늘 평강이 필요한가? 모든
염려를 하나님께 맡기자. 하나님이 응답을 주심을 미리 감사하
며 기도하자. 하나님이 오늘 우리에게 평강을 주신다.

말씀대로 순종하자

(빌 4:9) 너희는 내게 배우고 받고 듣고 본 바를 행하라 그리하면 평강의
하나님이 너희와 함께 계시리라

우리는 말씀을 읽고 듣는 것으로 끝나서는 안 된다. 말씀을
배우고, 받고, 들었으면 그 말씀을 따라서 행하고 살아야 한다.
그럴 때 평강의 하나님이 우리와 함께하신다고 바울은 말한다.
오늘 우리는 하나님의 말씀을 매일 묵상하며, 그 말씀을 따라
서 살고 있는가? 하나님의 말씀을 순종하고 실천하여 평강이 넘
치는 삶을 살아가자.

예수님은 우리가 사명을 감당하기를 원하신다

예수님은 우리에게 사명을 주신다.

(요 20:21) 예수께서 또 이르시되 너희에게 평강이 있을지어다 아버지께서 나를 보내신 것같이 나도 너희를 보내노라

예수님은 제자들에게 평강을 주신 후에 제자들을 세상에 보내신다고 말씀하셨다. 예수님은 이 땅에 계시면서 아버지가 주신 사명을 감당하여 귀신을 쫓아내고, 병든 자를 고치고, 하나님의 말씀을 선포하셨다. 예수님은 제자들에게 이 사명을 주셨다. 그와 같이 하나님은 우리에게도 이런 사명을 주신다. 예수님을 믿는 우리 모두가 귀신을 쫓아내고, 병든 자를 고치고, 복음을 전파하라고 말씀하신다.

예수님은 성령을 주신다.

(요 20:22) 이 말씀을 하시고 그들을 향하사 숨을 내쉬며 이르시되 성령을 받으라

예수님은 부활하신 후 제자들에게 성령을 받으라고 말씀하신다. 예수님은 아버지께서 약속하신 성령을 제자들이 받아야 한다고 말씀하신다. 성령을 받으면 권능이 임하기 때문이다.

(행 1:8) 오직 성령이 너희에게 임하시면 너희가 권능을 받고 예루살렘과 온 유대와 사마리아와 땅끝까지 이르러 내 증인이 되리라 하시니라

제자들은 두려워서 복음을 들고 길거리로 나갈 수 없었다. 그들은 자신들도 잡혀서 예수님처럼 죽을 수 있다고 생각했다. 그러나 그들이 예수님이 말씀하신 대로 모여 성령을 기다리며 기도할 때 하나님은 그들에게 성령을 보내 주셨다. 사도행전에 보면 성령은 바람같이, 불같이 제자들에게 임했다. 성령을 받은 제자들은 자신도 모르는 담대함이 생겨, 복음을 전하는 사람들이 되었다.

복음을 전파하라.

(요 20:23) 너희가 누구의 죄든지 사하면 사하여질 것이요 누구의 죄든지 그대로 두면 그대로 있으리라 하시니라

예수님은 우리에게 놀라운 말씀을 주셨다. "너희가 누구의 죄든지 사하면 사하여질 것이요"라는 말씀이다. 우리에게 죄를 사할 수 있는 권세가 있다는 것이다. 우리가 어떻게 죄를 사할 수 있는가? 죄인에게 복음을 전하면 그들이 회개할 때 죄 사함을 받는 놀라운 권세를 주신 것이다. 우리는 성령의 충만을 받아, 담대하게 복음을 전하자.

(막 16:15) 또 이르시되 너희는 온 천하에 다니며 만민에게 복음을 전파하라

예수님은 우리에게 만민에게 복음을 전파하라고 말씀하셨다. 예수님이 주신 사명을 감당하자. 가는 곳마다 복음을 전해 만민이 하나님께 돌아오게 하자.

예수님의 부활을 믿어라

예수님은 말씀하신 그대로 부활하셨다. 부활하신 예수님이 제자들에게 나타나 예수님의 부활을 보여 주셨을 때 그 자리에 제자 도마는 없었다. 그가 나중에 돌아와 보니 부활하신 예수님이 제자들에게 오셨다는 것이다. 도마는 제자들의 말을 믿을 수 없었다. 예수님이 돌아가신 것을 자신의 눈으로 보았는데, 어떻게 예수님이 부활했다고 말하는가? 그는 자신의 손을 예수님의 손바닥과 옆구리에 넣어 보지 않고는 예수님의 부활을 믿을 수 없다고 말했다. 그는 눈에 보이는 것만을 믿는 사람이었다.

믿음 없는 사람이 되지 말고 믿는 사람이 되라. 예수님은 우리의 모든 기도뿐만 아니라 우리의 이야기도 듣고 계신다. 예수님은 도마가 한 말을 모두 듣고 계셨다. 그리고 다시 도마가 있는 자리에 나타나셔서 도마에게 자신의 몸의 상처를 보여 주셨다.

(요 20:27) 도마에게 이르시되 네 손가락을 이리 내밀어 내 손을 보고 네 손을 내밀어 내 옆구리에 넣어 보라 그리하여 믿음 없는 자가 되지 말고 믿는 자가 되라

예수님은 도마의 손가락을 예수님의 못 자국 난 손에 넣어 보고, 도마의 손을 옆구리에 넣어 보라고 말씀하셨다. 그리하여 십자가에서 죽으신 예수님이 부활하신 것이 사실이라는 것을 믿으라는 것이다. 예수님은 "믿음 없는 자가 되지 말고 믿는 자가 되라!"라고 말씀하셨다. 오늘 우리도 부활의 예수님을 믿고 살아가자.

생각해 봅시다 ·······

예수님은 십자가에서 돌아가신 지 사흘 만에 부활하셨다. 제자들은 여전히 두려움과 혼란 가운데 있었다. 예수님께서 부활하신 날 저녁에 예수님은 제자들이 모인 곳에 나타나셔서 두려워하는 제자들에게 평안을 주셨다. 예수님은 그들에게 성령을 약속하시고, 예수님의 부활을 믿지 못하는 도마에게 의심하지 말고 믿으라고 말씀하셨다. 예수님의 부활은 역사적인 사실이다. 오늘 우리도 예수님의 부활을 믿고 살아가자.

40일째 묵상
낙심했는가?

오늘의 말씀 / 요 21:4-14

예수님은 부활하신 후 제자들이 물고기를 잡고 있는 갈릴리 호수를 찾아가셨다. 제자들은 밤이 새도록 고기를 잡으려고 그물을 던졌으나 한 마리의 고기도 잡지 못하고 낙심하고 있었다. 예수님은 그들에게 배 오른편에 그물을 던지라고 말씀하셨다. 제자들이 그 말씀에 순종하여 그물을 던지자 많은 물고기를 잡을 수 있었다. 오늘 본문의 말씀을 통해서 우리에게 주시는 교훈은 무엇일까?

예수님은 낙심한 사람을 찾아가신다

우리는 낙심할 때가 있다. 베드로는 낙심하여 물고기를 잡으러 갈릴리로 갔다. 그는 예수님을 모른다고 부인했던 자신에게

화가 났다. 그는 자신이 '이 정도밖에 안 되는 사람이었는가?' 하는 생각에 낙심했다. 베드로는 다시 갈릴리 호수로 돌아와서 고기를 잡으려고 했다. 그런데 밤새도록 고기를 잡으려고 해도 한 마리의 고기도 잡지 못했다. 그는 더욱 낙심이 되었다. 이제는 고기 잡는 일조차 제대로 하지 못하며, 자신이 잘하는 것이 무엇인지 혼란스러웠다.

우리가 낙심할 때 예수님은 그곳에 계신다.

(요 21:4) 날이 새어갈 때에 예수께서 바닷가에 서셨으나 제자들이 예수 이신 줄 알지 못하는지라

아무리 고기를 잡으려고 그물을 던져도 한 마리의 고기도 잡지 못하며 제자들이 땀 흘리고 있을 때, 바닷가에 한 분이 서서 그들을 바라보고 있었다. 예수님이셨다. 놀라운 사실은 베드로가 낙심하고 자신을 용서하지 못하고 있을 때 예수님은 그곳에 찾아오셔서 그를 바라보고 그와 함께 계셨다는 사실이다. 예수님은 예수님을 부인한 베드로도 버리지 않으시고 그와 함께하신 것이다. 예수님은 우리가 고난을 만나고 문제를 통과할 때 그 자리에 우리와 함께하신다.

예수님은 우리의 낙심을 희망으로 바꾸어 주신다. 성경에 보면 예수님은 수많은 사람들의 낙심을 희망으로 바꾸어 주셨다.

회당장 야이로의 죽은 딸을 살려 주서서 야이로의 낙심을 희망으로 바꾸어 주셨다. 회당장 야이로는 딸이 죽었다고 했을 때 낙심했다. 그러나 예수님은 그에게 "죽은 것이 아니고 잔다"라고 말씀하시고 그 딸을 살려 주셨다. 예수님은 그의 낙심을 희망으로 바꾸어 주셨다. 오늘도 예수님은 우리의 낙심을 희망으로 바꾸어 주신다.

예수님의 말씀에 순종하면 기적이 일어난다

나의 연약함을 인정하자. 바닷가에서 예수님은 제자들에게 물으셨다. "너희에게 고기가 있느냐?"

> (요 21:5) 예수께서 이르시되 얘들아 너희에게 고기가 있느냐 대답하되 없나이다

예수님이 몰라서 제자들에게 물은 것이 아니다. 그들의 현실을 파악하라는 것이다. 오늘 내게 물고기가 없다는 것을 인정하자. 내 힘과 내 능력과 내 방법으로 안 되는 문제를 만날 때 우리는 나의 연약함을 인정해야 한다. 우리는 나의 연약함을 인정할 때 예수님을 의지하게 되고, 예수님이 주시는 은혜 속에서 살게 되는 것이다.

예수님에게는 능력이 있다. 예수님은 베드로에게 배 오른편
에 그물을 던지라고 말씀하셨다. 제자들이 그물을 배 오른편에
던졌을 때 많은 물고기가 잡히는 기적을 체험하게 되었다. 오늘
우리도 예수님을 믿어야 한다. 예수님의 말씀을 믿어야 한다.
오늘 우리가 예수님을 믿고, 예수님의 말씀을 믿으면 기적이 일
어난다. 하늘과 땅의 권세를 가지신 예수님께서 우리의 문제를
해결해 주신다.

순종은 기적을 가져온다.

**(요 21:6) 이르시되 그물을 배 오른편에 던지라 그리하면 잡으리라 하시
니 이에 던졌더니 물고기가 많아 그물을 들 수 없더라**

예수님은 베드로에게 "그물을 배 오른편에 던지라 그리하
면…"이라고 말씀하셨다. 오늘 우리가 주목할 단어는 "그리하
면"이라는 단어이다. 그냥 물고기가 잡히는 것이 아니다. 예수
님이 배 오른편에 그물을 던지라는 말씀을 듣고 그 말씀에 순종
하면 '잡게 된다'라는 것이다. 베드로는 예수님의 말씀을 들었
다. 예수님이 하라는 대로 했다. 그랬더니 물고기가 많이 잡혀
그물을 들지 못할 정도로 물고기가 잡혔다. 이것이 기적이다.
예수님께 순종하면 기적이 일어난다. 오늘도 우리는 문제를 만
난다. 밤새도록 한 마리의 고기도 잡지 못한 베드로처럼 위기를

만난다. 그러나 예수님이 우리와 함께하신다. 예수님의 말씀에
귀를 기울이자. 그리고 그 말씀에 순종하자. 기적이 일어난다.

예수님은 우리를 위로해 주신다

예수님은 우리의 먹을 것을 준비하고 계신다.

(요 21:9) 육지에 올라 보니 숯불이 있는데 그 위에 생선이 놓였고 떡도
있더라

마태복음 14장에 보면 예수님은 배고프고 굶주린 사람들에게
떡과 물고기를 주기 원하셨다. 예수님은 벳세다 광야에서 말씀
을 듣고, 지쳐 허기에 찬 백성들에게 떡 다섯 개 물고기 두 마리
로 남자만도 5천 명을 먹여 주셨다. 예수님은 허기진 그들을 먹
이셨다. 예수님은 밤새도록 고기를 잡느라 허기진 제자들을 위
해 불을 피워 고기와 떡을 굽고 계셨다. 그들을 먹이기를 원하
셨다. 예수님은 배고픈 사람들을 먹이시는 사랑의 주님이시다.
예수님은 오늘도 우리가 굶주릴 때 우리에게 양식을 주시고, 우
리의 배고픔을 채워 주신다.

예수님은 우리를 위로해 주신다.

(사 40:1) 너희의 하나님이 이르시되 너희는 위로하라 내 백성을 위로하라

예수님은 갈릴리에서 밤새도록 그물을 던졌으나 한 마리의 고기도 잡지 못한 제자들을 찾아가서 그들이 고기를 잡게 하셨다. 여전히 예수님이 그들을 사랑하시고 그들과 함께하심을 보여 주심으로, 그들에게 평강과 위로를 주셨다. 오늘도 우리가 어려운 시기를 통과할 때 주님은 우리에게 평강을 주시고, 위로를 주신다.

생각해 봅시다

예수님의 제자들은 갈릴리로 돌아가서 물고기를 잡으려고 했으나 한 마리의 물고기도 잡지 못했다. 예수님의 말씀에 순종한 제자들은 배 오른편에 그물을 던져 많은 물고기를 잡게 되었다. 예수님은 그들의 낙심을 희망으로 바꾸어 주시고, 그들에게 위로를 주셨다. 오늘 우리도 인생을 살아가면서 많은 문제를 만난다. 우리에게도 예수님이 찾아오셔서 우리에게 희망을 주시고 위로를 베풀어 주신다. 예수님을 의지하고 순종하여 기적을 체험하며 살아가자.

회복을 주시는 예수님

오늘의 말씀 / 요 21:15-20

예수님은 갈릴리 바다에서 제자들과 조반을 드시고, 절망 가운데 있는 베드로에게 "네가 나를 사랑하느냐?"라고 물으셨다. 베드로의 마음은 복잡했을 것이다. 베드로는 예수님을 죽는 자리까지 따라가려고 했지만, 예수님이 심문을 당할 때 자신도 잡혀갈까 두려워 예수님을 모른다고 부인했다. 예수님은 베드로를 용서하시고, 위로해 주시고, 그를 회복시켜 주셨다. 오늘 본문의 말씀을 통해서 우리에게 주시는 교훈은 무엇일까?

예수님은 우리를 위로해 주신다

예수님은 떡과 물고기를 준비해 주셨다. 예수님은 절망한 제자 베드로를 찾아오셔서 그에게 물고기를 잡게 하시고, 그에게 떡과 물고기로 조반을 먹게 하셨다. 예수님이 베드로와 제자들에게 떡과 물고기를 준비해 주셨다는 것은 의미가 있는 것이다. 떡과 물고기를 같이 먹는 것은 화해의 자리로 부르는 것을 말한다. 누구하고 밥을 먹는가? 원수하고 밥을 먹는가? 그럴 수 없다. 예수님이 제자들에게 조반을 준비해 주시고 그들과 같이 밥을 먹는 것은 그들을 용서하시고 그들을 위로해 주시는 것을 의미한다. 예수님은 베드로와 식사를 함으로써, 예수님이 그의 죄를 용서하고 위로해 주심을 그에게 보여준다.

하나님은 죄와 허물이 많은 사람도 버리지 않는다.

(신 4:31) 네 하나님 여호와는 자비하신 하나님이심이라 그가 너를 버리지 아니하시며 너를 멸하지 아니하시며 네 조상들에게 맹세하신 언약을 잊지 아니하시리라

하나님은 떠나지 않으신다.

(수 1:5) 네 평생에 너를 능히 대적할 자가 없으리니 내가 모세와 함께 있었던 것같이 너와 함께 있을 것임이니라 내가 너를 떠나지 아니하며 버리지 아니하리니

하나님은 우리를 어떤 상황에서도 버리지 않으신다. 오늘도

예수님은 우리의 연약함을 알고 계시고, 우리의 연약함을 품어주신다. 예수님께 우리의 모든 연약함을 맡기고 살아가자.

예수님은 우리가 예수님을 사랑하는지 물으신다

예수님이 베드로에게 물으신 것은 "네가 나를 사랑하느냐?" 하는 것이었다. 사역은 사랑에서 출발한다. 예수님은 베드로에게 "내가 맡길 일을 할 수 있는 능력이 네게 있느냐? 너는 내가 맡긴 일을 할 수 있는 실력이 있느냐?"라고 물으시지 않으시고, 단지 "나를 사랑하느냐?"라고 물으셨다. 오늘 우리는 하나님을 사랑하고, 예수님을 사랑하는 마음으로 주의 사역을 감당해야 한다.

(신 6:5) 너는 마음을 다하고 뜻을 다하고 힘을 다하여 네 하나님 여호와를 사랑하라

(마 22:37) 예수께서 이르시되 네 마음을 다하고 목숨을 다하고 뜻을 다하여 주 너의 하나님을 사랑하라 하셨으니

오늘도 예수님이 우리에게 묻는 질문은 이것이다. "너는 나를 사랑하느냐? 그 사랑의 마음으로 하나님을 예배하고, 이웃에게

사랑을 베풀고 있느냐?"라고 물으신다.

완벽한 사랑이 아니어도 괜찮다. 예수님은 베드로에게 물으셨다.

> (요 21:17) 세 번째 이르시되 요한의 아들 시몬아 네가 나를 사랑하느냐 하시니 주께서 세 번째 네가 나를 사랑하느냐 하시므로 베드로가 근심하여 이르되 주님 모든 것을 아시오매 내가 주님을 사랑하는 줄을 주님께서 아시나이다 예수께서 이르시되 내 양을 먹이라

예수님께서는 베드로에게 네가 나를 사랑하느냐고 세 번이나 물으셨다. 그러자 베드로가 근심했다고 말한다. 그는 예수님을 부인하던 밤이 생각났을 것이다. 그날 밤에도 죽기까지 예수님을 따라가겠다고 하지 않았나? 그날 밤 베드로는 예수님을 모른다고 부인했다. 그래서 예수님이 세 번이나 "네가 나를 사랑하느냐?"라고 물으실 때 근심이 되었다. '혹시 또 내가 예수님을 사랑한다고 말을 해 놓고 나도 모르게 또 예수님을 부인하는 것은 아닌가?' 하는 근심이 들었을 것이다. 그러나 예수님은 베드로에게 완벽한 사랑을 요구하는 것이 아니라, 자신의 연약함에서 돌이키는 믿음을 요구하고 있는 것이다. 누구나 실수할 수 있다. 그러나 우리는 실수의 자리에서 회개하여 돌이키고 주님을 사랑하는 마음을 가지고 살아야 한다.

예수님은 우리에게 회복의 은혜를 주신다

예수님은 우리의 생각과 마음을 알고 계신다. 예수님이 베드로에게 "네가 이 사람들보다 나를 더 사랑하느냐?"라고 물으실 때 베드로는 "내가 주님을 사랑하는 줄 주님께서 아시나이다"라고 대답했다. 베드로는 자신이 예수님을 부인할 것을 예수님이 알고 계셨던 것처럼, 예수님은 자신의 모든 생각을 알고 계신다고 생각했다. 그래서 그는 내가 주님을 사랑하는 줄 주님께서 알고 계신다고 말했다.

(시 139:1) 여호와여 주께서 나를 살펴보셨으므로 나를 아시나이다

예수님은 모든 것을 알고 계신다. 오늘 이 순간에도 우리의 생각과 마음을 아시고, 우리의 문제도 알고 계시고, 그 해결책도 알고 계신다. 우리를 알고 계시는 예수님이 우리를 돌보아 주신다.

예수님은 우리가 예수님의 양을 먹이기를 원하신다. 예수님은 과거에 베드로에게 사람을 낚는 어부가 되게 하겠다고 말씀하셨다. 그러나 베드로는 예수님을 부인하고 나서 큰 혼란 가운데 빠져 있었다. 그러나 예수님은 그런 베드로를 회복시켜 주시고, 내 양을 먹이라고 말씀하셨다. 예수님은 오늘도 우리를 찾아오신다. 그리고 우리에게도 회복의 은혜를 베풀어 주신다.

요한복음 21장 15절에 보면 "이르시되 내 어린 양을 먹이라" 라고 말씀하셨다. 어린 양을 키우기 위해서는 많은 신경을 써야 한다. 어린 양은 교회에 온 지 얼마 되지 않는 새 신자이다. 그런 새 신자에게는 신경을 많이 써서 말씀을 먹여야 한다. 차근차근하게 말씀의 양식을 주어, 성장할 수 있도록 도와주어야 한다. 그들이 예수님이 기뻐하는 제자가 될 수 있도록 도와주어야 한다. 그들도 예수님의 십자가를 지고 예수님을 따르는 제자들이 될 수 있도록 만들어 주어야 한다. 우리가 먼저 하나님의 말씀을 읽고 묵상하여 받은 은혜를 어린 양에게 나누어 주어야 한다. 하나님 말씀의 양식으로 양이 건강하게 자랄 수 있도록 힘써야 한다. 우리는 매일 교회에서 성도들에게 사랑에 근거해서 영적인 양식을 먹여야 한다. 예수님은 우리가 어린 양을 먹이고 돌보기를 원하신다.

생각해 봅시다 ···

베드로는 예수님이 자신을 찾아오셔서 물고기를 잡게 해 주시고, 화해의 식탁으로 부르심에 감격했다. 베드로의 마음을 아시는 예수님은 베드로에게 예수님을 사랑하고 있음을 고백하게 하시고, 완벽하지 않아도, 허물이 많아도 주님을 사랑하는 마음의 토대 위에서 사역을 할 수 있도록 그를 위로하시고, 회복시켜 주셨다. 예수님은 오늘 우리도 위로해 주시고 회복시켜 주신다. 우리도 예수님의 사랑으로 사람들을 말씀으로 먹이고, 돌보는 삶을 살아가자.

나가는 말

매일 성경을 읽고 묵상한다는 것은 놀라운 은혜이다. 우리가 성경을 읽고 묵상할 때 그 성경은 우리에게 믿음을 주고, 그 믿음으로 우리는 세상을 이기며 살아갈 수 있기 때문이다. 우리는 매일 예수님이 누구인지 기억하고 살아야 한다. 예수님은 하나님의 아들로서 우리가 예수님을 믿을 때 우리를 하나님의 자녀가 되게 하시며, 우리에게 생명수를 주어 목마름을 해갈해 주시는 분이시다. 예수님은 우리의 생명의 떡이 되셔서 우리를 배부르게 하시고, 세상의 빛이 되어 어둠을 몰아내시며, 선한 목자가 되셔서 우리를 인도하신다.

예수님은 우리의 부활이고 생명이 되셔서 우리의 삶에 어떤 어려움이 다가와도 그 어려움을 이기게 하신다. 예수님은 우리를 위하여 채찍에 맞으심으로 우리의 병을 짊어지셨고, 십자가에서 우리의 모든 죄와 가난과 저주를 담당하시고, 우리에게 하나님의 나라를 주셔서 우리가 영생의 놀랍고 복된 삶을 살게 해 주셨다. 예수님은 예수님을 배반하고 낙심한 제자들을 찾아오셔서 그들을 격려해 주시고, 회복을 주시고, 그들에게 사명을 회복시켜 주셨다. 예수님은 결코 그의 사랑하는 제자들을 버리지 않으셨다.

오늘 우리도 매일 성경 말씀을 읽고 묵상하며, 우리의 모든 무거운 짐을 예수님께 맡기자. 우리 주변에서 아직도 예수님을 모르고 어둠 속에서 살아가는 사람들에게 우리가 먼저 만난 예수님을 전해 주자. 그들의 삶에서도 어둠이 떠나가고 예수님이 주시는 밝은 생명의 빛이 충만하게 임하게 될 것이다.

요한복음 묵상집을 탈고하면서 뒤돌아보니, 어느덧 목회자가 되어 사역을 한 지가 32년이 되었다. 이제 며칠 있으면 환갑이 된다. 참 놀라운 은혜이다. 아버지의 사업이 망한 후 절망 속에서 살아가던 한 소년이 예수를 믿고, 하나님의 자녀가 되고, 목회자가 되어 하나님의 말씀을 이웃들에게 전해 주며 살아올 수 있었던 것이 모두 은혜이다. 모든 영광을 하나님께 돌려 드린다. 나를 제자로 훈련시켜 주시고 지금은 천국에 계시는 조용기 목사님께 감사드리고, 어려운 환경에서도 최선을 다하여 내조를 해 준 아내에게도 감사를 드리고, 아빠를 위해서 기도해 준 아들과 딸에게도 감사를 표하며, 나를 위하여 늘 기도를 아끼지 않으시는 모든 기도의 후원자들께 깊은 감사를 드린다.

임동환